著 ディック・グレゴリー
ロバート・リプサイト
訳 柳下國興

nigger
ニガー

ディック・グレゴリー自伝

AN AUTOBIOGRAPHY BY
DICK GREGORY WITH ROBERT LIPSYTE

現代書館

ママへ
ママがどこにいようと、
また「ニガー」を耳にしたら、
僕の本の宣伝だと思って下さい。

このページは
マージョリー・ルービンに捧げる。
このページに続くどのページも、
ひとえにマージョリーのお陰で叶いました。

目次

本文に付した注釈は全て訳注です。

リチャード・クラクストン・グレゴリーは、一九三二年のコロンブスデー（十月十二日）に生まれた。生活保護家庭の子供。アメリカのどこの街角にもいる少年だった。靴を磨く際の布のはたき方を見れば一目瞭然、彼にはリズムが備わっているのが見てとれた。にこやかな黒人少年。彼はニンマリ笑って、客がトスする代金の二十五セント硬貨を空中で受け止める。そして駆け出す——トゥインキーのカップケーキと、ペプシコーラと、ポケットいっぱいのキャラメルを買いに。

それが彼の夕食だとは、誰も知らなかった。彼の後を追って、家に着くのを見届ける者は、誰もいなかった。

ルシール・グレゴリー（ママ）1904-1953

nigger

ディック・グレゴリー自伝

貧しいんじゃない、スッカンピンなだけ

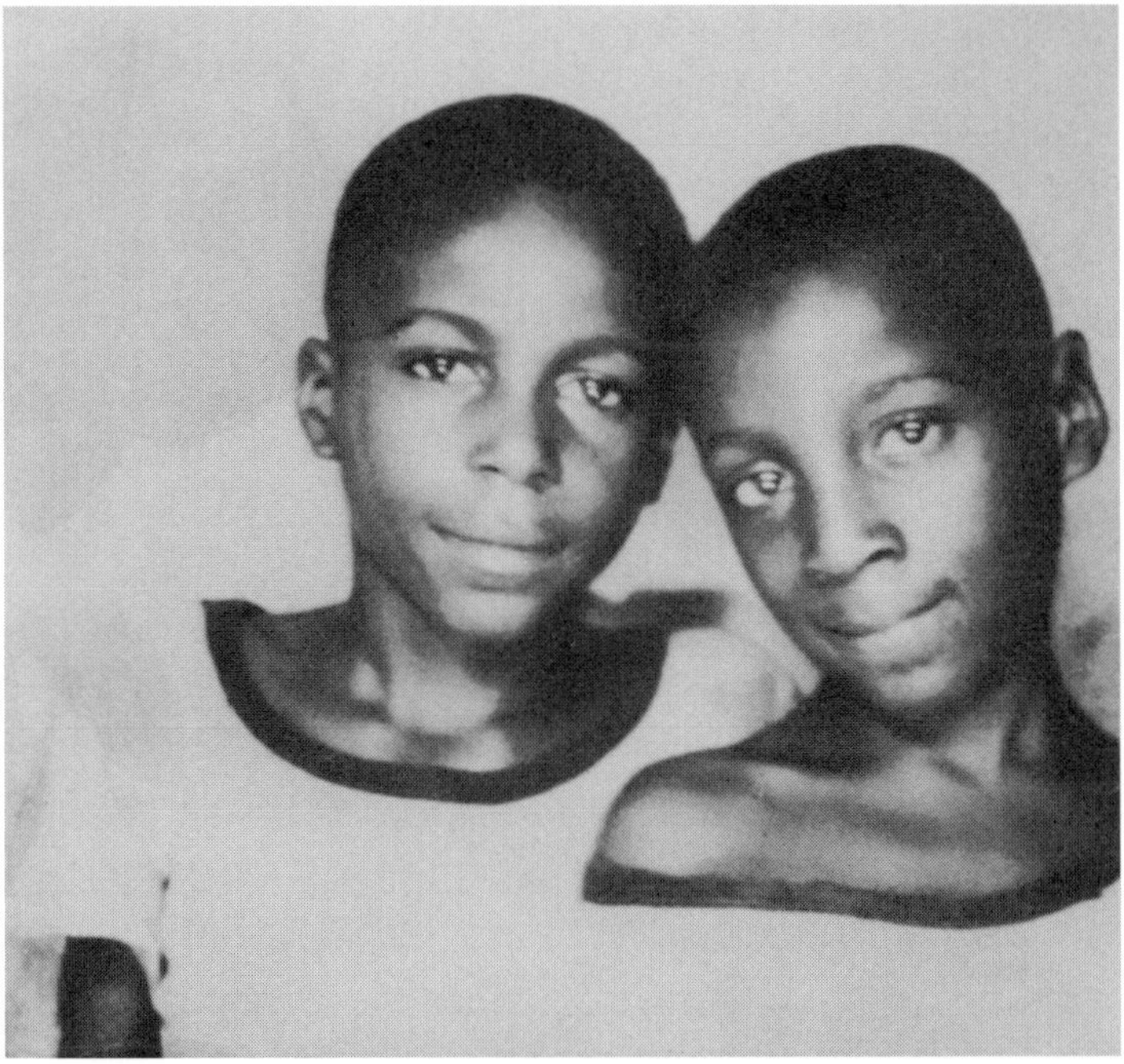

プレスリー（左）とリチャード（ディック）・グレゴリー　1942

もの悲しいけどすがすがしい。ゆっくり家に向かっている。クリスマスイブ。一日中頑張って、白人の盛り場で靴を磨いた。そして、近所の人たちのお使いをして、十セントストアでプレゼントを買ったりくすねたり。もう道は暗く、静かだ。テニスシューズの中の足は汗ばんで暖かい——風が手袋の穴をめがけて入ってくるけれど。ショーウインドーからは、電気仕掛けのサンタクロースがウインクする。親友の家に立ち寄って、ツリーを見て、ネーム入りのボールペンをあげる。買い物袋に手を入れて、彼の家族みんなにプレゼントをあげる。一緒にいる知らない人にも。お返しはなにもない。それでいい。だって、大人がみんな笑っている暖かいところにいるだけで十分だから。そこにはパパが何人もいる。親友は、新しい服をいろいろ着てみせて大はしゃぎだ。階段を下りかけると、彼のお母さんが、「ブー、リチャードにさよなら言ってないわよ。言いなさい、メリークリス……」

また外に出て通りを歩き始める。もう灯りの消えた建物もある。家へは遠回りをする。「リチャード、メリークリスマス！」。食料品店のベンさんだ。僕は買い物袋からプレゼントを一つ取り出してベンさんにあげる。酔っ払いに微笑みかけて、五セント硬貨を差し出す。怖いお巡りのグライムズにも手を振る。

気持ちがいい。家へは急いで帰りたくない。

ノーステーラー通りに差しかかる。我が家へ向かう通りだ。なにかが目に飛び込んでくる。頭を高く上げると、窓の向こうに信じられない光景が見えてくる。駆け出すけど、この世で唯一腹立たしいことは、思うほど早く走れないこと。あのオレンジ色の、ヒビの入ったドアが「お帰り、坊や。さぁ、お入り」と迎えてくれるのは久しぶりだ。リースがかかっていて、窓からは灯りが漏れている。キッチンの石炭用キャビネットの横にはツリー。そしてママにハグ。ママの顔はレンジの熱でほてってる。ママ、今日飾ってくれてありがとう。よそのは、みんなが観るように一週間は飾ってあるけど、僕んちのは、自分たちだけのため。ママ！　ママ！　今年も飾れたんだね。

ベッピンさんのママは、ミス・アメリカのように微笑む。きょうだいたちが、木製の丸テーブルの周りにオレンジ用の木箱を椅子代わりに並べている狭いキッチンの中を跳ね回っているとママが言う。

「リチャード、バニラを持ってきて。プレスリー、あなたはサツマイモを剝いてちょうだい。ドロレス、オーブンからパンを出して。ガーランドは鴨から離れて。ロナルド、あぁ、ロナルドは、ポーリーンと一緒に向こうでいい子にしてなさい。リチャード、イートショップのホワイトさんが届けてくれたハム、見た？　マイヤーズさんがくれた袋いっぱいのナッツも。キングさんからはターキー。そしてびっくり、ベンさんは……」

「ママ、お金持ちでも、こんなにたくさんない家もあるよ。ハムがあって、ターキーがあって。ね、ママ……」

「神様がお前たちを見守って下さってるからよ。それにこれだけじゃないわよ。明日になったら、白人たちがもっといろんなものを持って来てくれる」

ママはその年のクリスマス、食べ物をたくさんもらって、本当に嬉しそうだった。ベンさんは、もっとツケで買えるようにしてくれた。それに、ママはまた電気が点くようにしてって、電力会社の人に言えたんだ。

「ママ、これ見て。パパへのプレゼント。ライターだよ。名前を刻むところもあるよ」

「なんて刻んだらいいかしら？　ビッグプレズ[1]？　それともダディ？」

「なにも刻まなくていいよ、ママ。パパへのプレゼントは、またイートショップのホワイトさんに回さないといけないかもしれないから」

ママは背を向けて、また僕に顔を向けると、目が濡れていた。それから、ミス・アメリカのように微笑んで、僕の肩をつかんだ。「リチャード、見せたいものがあるけど、約束できる？　誰にも言わないって」

「なに？」

「お前だけのもの」

「ママ忘れてる。プレゼントはもうみんなツリーの下だよ」

「これは特別。お前だけのもの」

「ありがとう。わぁ、ありがとう。財布が欲しかったって、なんで知ってたの？　大人が持つようなやつ」

ママはいつも僕たち一人一人に、ツリーの下には置かず、他の子供たちには内緒の特別なものをくれた。でも、ガーランドと僕が言い合ったりして、結局バレてしまう。「ママはお前より僕の方が好きだぞ。見ろ、これくれたんだぞ」。そんな風にして、秘密のプレゼントはバレるんだ。でも、僕はあの財布を心底気に入っていた。まずはアドレスカードに名前と住所を書き込む。自動車にはねられたら、僕が誰か分かるように。そして、大人がやるようにドル札を入れた。その晩、家から駆け出して路面電車に乗った。財布を取り出して、車掌さんに一ドル渡した。

「細かいのはないのかね、坊や?」

「あります」。そう言ってまた財布を取り出す。コイン入れから十セント硬貨。ホックを閉める。パチン。ドル札を札入れに戻して財布をたたみ、ズボンの後ろポケットに。帰りの電車でも同じことをした。

その晩はなんと食べたことか! 空腹で過ごした日々が消え去った。ハムを挟むパンがない日々。パンがあってもハムがない。甘いクールエイドを飲みたくても砂糖がない。冷たいレモネードを飲みたくてもレモンも氷もない。そんな毎日をしのいだ僕らは大したもんだ、本当に。

食事を終え、裏庭に出た。夜空を見上げて神様に、僕たちがどれほど、どこの誰よりも多く食べたか教えてあげた。マカロニ、チーズ、ハム、ターキー。オーブンには、明日の分の鴨が入ってる。ママが言ってた——急な来客用のウイスキーだってあるって。神様、ありがとう。ママがあまりにも嬉しそうにしてるので、今夜はネズミもゴキブリも出て来ない。壁の割れ目から隙間風も入ってこない。

神様、どうして分かったの? 財布が欲しかったって。お金持ちで、ミンクのコートとか電気仕掛けの電車なんかもらう人がいるけど、あの人たちも、内緒のプレゼントをもらうの? あのね、神様。僕は、神様が馬小屋で生まれたことが好きだ。僕、思うんだ。もしもマリア様が、最初に泊まろうとした宿に空

1　「Pres」は「Presley」の略。リチャードの兄が「Presley, Jr.」。父親が「Big Pres」(愛称)。

きがあって馬小屋に行かなかったら、今夜は格別な夜になってなかったんじゃないかって。あぁ、神様、僕は怖い。この気分のまま、今すぐ死んでしまいたいくらいです。だって、僕はもうすぐママに腹を立てるだろうし、ママは僕に腹を立てる。で、僕とプレスリーとで喧嘩になる……。

「リチャード！　入って上着を着なさい。さぁ、入って。でないとおしおきだよ！」。ほらね、もう始まった。僕は寒くないのに。だって神様に包まれてるから。

「どうしたの、リチャード？　そんなおかしな顔して」

「ママには分からないよ」

「分かるから。言ってごらんなさい」

「僕、お祈りしに出てきたんだ。みんなが聞いたら笑うし、女々しいって言うから。神様っていい神様でしょ？　そうでしょ、ママ」

「そうよ」

「言ったらママ笑う？　僕のことヘンだと思う？　嘘ついてると思う？」

「言ってごらんなさい」

「神様、僕に話しかけたんだ」

ママは僕の肩に手を回した。「神様は私たちになにか言って下さる。特別で、いい人に。お前のような子にね。で、お願いがあるんだけど」

「なに？」

「次にお話する時、お願いして。パパを家に帰してって」

「今夜はママと一緒にずっと窓の外を見ていたいな」

「もうみんな寝ましたよ」

「僕、今までずっと思ってた。クリスマスイブは、ママと一緒に外を見ていたいって。ママのこと笑わないよ、僕」

「どういうこと?」

「待ってるんでしょ、ママ。僕、知ってるよ。毎年クリスマスイブ、お風呂に入ってから、お金持ちの白人にもらった香水をつけるの。服も。そして、窓のところでひざまずいて、パパの帰りを待つのを」

「もう寝なさい」

「知ってるよ。あのウイスキーは、ひょいと立ち寄る人のためじゃないって。あれはパパのだって」

「もう寝なさい。パパが帰って来たら起こしてあげるから」

「お願い、ママ。一緒に待たせて……。ママ?」

「なに?」

「ホワイトさん用のプレゼント、買えばよかった。パパはきっと、自分のプレゼントをもらいに帰って来るから、今年は」


その晩、パパが帰るのをママと一緒に祈って待った。ひざまずいて。寒かったので、抱き合ったままウトウトした。通りで音がすると、野兎のように飛び上がった。そうしてパパを待つ間、ママに伝えたいことがあった。たくさん。でもなにも言わなかった。そして今、時々思う。言わなくてもどうせ分かっていただろうと。

ママ、ずっと言いたかったんだけど、覚えてる？　ジャクソン先生のところへ行ったって話した日のこと。先生が僕をすごく気に入ってくれていて、僕はいつかいい医者になるって言ってくれたって。読み書きを教えてくれるって。寒くなって、家で勉強できなくなったら、先生の家ですればいいって。覚えてる？あれ、嘘だったんだ。僕はその日、ずっと空き地で遊んでた。

ママはたぶん知ってたんじゃないかな。僕を好きな人がたくさんいるって言った時、それは誰かって訊かなかったもの。それは僕が頭の中に創り上げた人たちで、貧しい人の援助をする人たち。僕は、神様が創ったこの世界に、そんな人たちがいないのが信じられなかった。

僕は読み書きを教えてくれて、僕のことが大好きな学校の先生を創り上げた。「おバカさんの席」に座らせたり、「どうしようもない子たちの一人」と言わない先生。その先生は、宿題がシワだらけで湿っていても、怒鳴りつけない。キッチンは寒すぎるから、ベッドに潜り、懐中電灯を点けて勉強した。そのうち寝てしまい、ベッドにいた五人のきょうだいの一人が、宿題の上におしっこを漏らしてしまった。そう言っても、その先生は分かってくれる。

僕は汗水たらして働いて五ドル稼ぐ。家に帰ってこう言った。「ママ、グリーンさんがこれママにって。ママのことが好きだって。グリーンさんも、ママのように子育てがうまくできたらいいんだけどって。そう言ってたよ」。ママ、これもデタラメ。

ママ、覚えてる？　僕、たくさん誕生会に行ったよね。十セントストアで万引きして、一番いいプレゼントをしたんだ。家に帰ってママに言った。「枕でキス」とか「郵便局でキス」とか「ロバにシッポを」なんかのゲームをして、そこでも人気者だったって。それも嘘。投げた枕が僕に当たったので、泣いて逃げ出した女の子もいた。目を開けたら、キスする相手が僕と知って。

僕の誕生日、覚えてる？　僕、買い物袋いっぱいのプレゼントを抱えて帰って来たよね。クラスのみんなが僕のことが大好きで、いろんなものをくれたって言ったよね。それも嘘。あれはみんな十セントストアで盗んだもの。一個一個包んで、違う子の名前を書いたんだ。

「あぁ、リチャード、今年も来なかったら……」

「来るさ。ママの言う通りだよ。渋滞にはまってるんだ。電車が満員で乗れないんだ」

「パパはコックさんよ。クリスマスは忙しいの」

「来るって。また着替えといでよ、パパを迎えるドレスに」

ママ、覚えてる？　僕たちがあまりにも汚らしいので、もう自分の子と遊ばせないでくれって言いに来た人たちがいたよね。もう家にも来てくれるなって。臭くてたまらないからって。僕はその時六つだった。プレスリーがもうすぐ八つ。ママは一晩中泣いた。新しい服が買えるようになるまで、家にいるようにって言ったよね。で、僕たちの服をみんなどこかに隠した。夏ですごく暑い時期、外では、子供たちが鬼ごっことか、フットボールの真似事をしてた。その子たちは昼寝の時間とか、もう夕飯だから家に帰るように言われてた。僕たちは、それをただ横になって見てるわけにはいかなかった。泣きながら窓越しに見てるわけにはいかなかった。ママが隠した服を必死に探した。地下室、石炭用のキャビネットの中、レンジの下。見つからなかった。で、ママの服をあさった。お金持ちの白人にもらったまま、全然着ない服を着て、表に出て遊んだ。みんな僕らを笑った。指さしたり、膝を叩いたりして笑った。でも、いい夏だった。人に見られながら遊ぶほど楽しいことはないし。僕たちがポーチに出ると、道を隔てて立つホワイトさんのイートショップの前に並んでる黒人の医者とか、弁護士とか、先生なんかがお互い、そっと注意を促すような仕草をして、僕たちの方を向くんだ。路面電車が家の真ん前の角の停留所で停まると、乗客が窓から乗り出して、こっちをジッと見てた。プレスリーと僕は手を振る。夏中そうした。やがて誰も僕たちを気にしなくなった。グレゴリー家の子供たちは服がないので、お母さんのドレスを着ていると知って。僕たち、ママが帰る前に、家に戻るようにしてたんだ。


「どう、リチャード？　これでいいかしら？」

「うん、素敵だよ、ママ」

「これママの一番いい靴。ウォーレスさんがくれたの。でも夏の靴」

「夏の靴？　僕の好きな黒と白だ――ママ全然履かないけど。知らなかったな、それが夏の靴って」

「冬に白の靴を履いてる人なんていないでしょ？」

「みんな色つけしてるんだよ。僕、やってあげる。そうしたら、それを履いてパパに会えるでしょ？」

「もうその時間はないの。乾かさないといけないし」

「大丈夫。靴墨に火を当てるの。すると、履いてるうちに乾いちゃう」

ママ、僕、酒場で何足も色つけしたよ。四つん這いになって。そう、色つけしたり磨いたり。話してなかったよね。僕が今までやってきたことや見たこと。ママ、覚えてる？　僕が歯を折って、ひどく唇を切って帰って来た時のこと。階段で転んだって言ったけど、あれ、もろに蹴られたんだ、顔を。土曜の午後だった。僕の稼ぎ時。十歳だったけど、七歳ぐらいにしか見えなかった。酒場には、大勢人がいて、みんなビールを飲んでた。僕は白人の女の人の靴を磨いてた。白と茶色の夏の靴。カウンターに座ってる男たちは笑ってた。で、その内の一人が言った。

「フロー、そのエテコウ、家に連れて帰る気かい？　ヤルんかい、ゲン担ぎにでも」

女の人は笑った。「そうしようかしら。クロイのは馬並みって言うじゃない。あんたたちには飽きたし」

「子ザルめ、ちゃんとシッポもつけてやがるからな。で、枝から枝へとぶーらぶら」

白と茶の靴。茶色の靴墨が白いところについてはいけないので、僕はその人の脚の後ろに手をあてがってバランスをとっていた。

「確かにつけてるわ。生きのいいクロいのじゃないとダメなのよね、アタシは」

笑ってなかった白人の男がスツールから飛び降りた。

「おい、ニガー野郎。汚らわしい黒い手で白人のレディーに触るんじゃねぇ！」。男はそう言って、僕の口直撃のキックを喰らわせた。

笑っていた男の一人がスツールから降りて、蹴った男をつかんだ。

「なんてことするんだ！　まだ子供じゃねぇか」

「余計なお世話だ!」

パンチが飛んだ。殴り合い開始。

バーテンがカウンターを飛び越え、片手で僕を、もう一方の手で靴磨きの箱をつかんだ。

「坊やのせいじゃない。でも、ごめんよ。もうここへ来ちゃダメだ」

歩道に出たところで、五ドル札をくれた。

僕は、シャツについた血や歯のかけらを見て怖くなった。ママにひどく叱られる。そう思って、ブーの家に泊めてもらうことにした。ブーに言った。今日、あと何回か蹴飛ばされに行って、毎回五ドルもらえるんだったら、それもいいなって。


「ママ、今何時?」

「四時よ」

「じゃもう、靴墨に火を当てなくてもいいね」

＊＊＊

酒場はそんなにヒドイとこじゃないよ、ママ。僕が靴磨きしてるからって、わざわざ近寄って来てバカにする子供はいないし。でも、生活保護家庭の子供だって思い知らされる。それに、酒場で働く理由がもう一つある。冬は暖かくて、夏は家にいるより涼しい。顔に唾をかける人や、口を蹴り上げる人もいるけど、たまに、「坊や」って言って頭を撫でてくれる人もいる。

「どうしてパパが帰って来ると思うの？」

「裏庭で神様と話したから。うん、帰って来る」

「もう寝なさい」

「ママと待つ。ここで。あの椅子で寝たら起こしてくれる？　パパ、帰って来たら」

「もちろんよ。さぁ、少し寝なさい」

「分かった」


あの晩、ママにたくさん話したかった。テーラー通りに出る脇道を通ると、僕に手を振る女の子がいたんだ。いつも小ギレイにしてる子でね。テーブルの上にある自分のケーキをそっと僕にくれた。ケーキとクールエイド一杯。そのうち僕は、新聞の配達を早く終えて彼女のところへ戻るようになった——ただ手を振るためだけに。彼女のママとパパは、夕食後居間へ。そして、彼女は一人で皿洗い。僕はその手伝いを始めたんだ。裏のポーチに忍び寄ると、「シーっ、静かに。誰も気づいてないから」と入れてくれた。ままごとをしてるようだった。僕は、毎晩通っては流し台の脇に立って、皿洗いを手伝う。そんなある晩、彼女のパパがキッチンに戻って来た。僕をつかむや、激しくゆすって言った。「押し入ったんだろう。うちの娘が、路上育ちの汚らわしいガキを入れるわけがない！」。

彼女は僕が殺されるんじゃないかと怖さのあまり泣いて、こう言った。「私が入れてあげたの。本当に。

お友達よ」

「嘘ですよ。僕が食べ物を持って来させるんです。それで、中に入れさせるんです」

おじさんは僕を平手で叩いた。僕が倒れるまで叩いた。彼女が泣きながら、やめるよう叫んで腕にしがみつくと、おじさんは僕を裏のポーチに蹴り出して首を絞めた。少ししてやめた。そして言った。

「このガキ！　俺を見てなにニヤニヤしてるんだ！」

「おじさん、先週、酔っ払ってここで目が覚めたでしょ。このポーチのところで。僕が連れて来てあげたんだ、サラ通りで見つけて。僕は鼻高々に、黒いケツをひっさげたあんたを、ここまで連れて来てあげたんだ。だって、おじさん、やることが僕のパパそっくりだから。酔いが覚めるたび、喧嘩おっぱじめて。あんたの振り回す拳を僕はよけて逃げた。みんな、あんたを見ては、飛びかかろうとした。でも、僕が言うんだ。あれは僕のパパ。悪い人じゃない。だからそっとしてあげて。僕のパパだからって」

おじさんは僕を放した。奇妙な表情を浮かべて、後ずさりする。汗をかき始めて、唇を噛んだ。僕が言ったことを聞いた人がいるか、あたりを見回している。口を開けたが言葉は出なかった。ポケットから財布を取り出して、一ドルくれた。僕はそれを投げ返し、尻ポケットから一ドル取り出した。僕のお札の方が「大きい」。だって、僕が一ドル持ってるなんて誰も知らないから。僕は歩き去った。


「神様、リチャードは寝てます。それで、お伝えしなければならないことがあります。私はずっと大きな間違いをしてました。クリスマスごと——たまには夏にもですけど——私はこうしてパパが帰るのを祈っています。でも、よその子供たちのパパのことは祈りませんでした。まずは、その子たちのパパを家に帰してあげて下さい。そして、お疲れでなかったら、どうぞ、ビッグプレズを帰して下さい。私のためにではなく、子供たちのために。子供たちはパパを必要としていますから」

「神様、ママは泣きに泣いて、そのまま寝ました。だから、お願いです。すぐにパパを家に帰して下さい。神様、パパが今どこにいようと、今晩、あのドアをノックさせて下さい。僕は寝ないで待ちます。お願いです。ドアをノックさせてやって下さい」

ママ、僕ね、セントルイスの消防士さんたちが大好きだった。大きくて、背が高くて、強くて。人を救おうと飛び出して行くんだ。黒人の消防士。白人の消防士。肌の色は関係なし。誰の家が燃えてるか、金持ちの家か、生活保護を受けている人の家か、そんなこと訊かないで飛び出して行く。

僕は消防車が必ず通る曲がり角で手を振った。消防士さんは時々、それに応えてくれる。僕に手を振るために、その角を通るんじゃないかと思った。僕は火災現場までついて行く。そこに立って祈る。早く火を消し止めて、誰も怪我をしませんようにって。僕は梯子を登って行く消防士さんの数を数えた。降りて来る消防士さんの数も。一度、ネットを使って人を助けるところを見た。大変そうに、さも助けてあげますよっていう感じなんか微塵もない。制服姿の消防士さんが一塊になって、火事のことを話してる。全員が一つの家族のよう。大きい火事で、赤十字の車が到着した時に、消防士さんたちは、現場でコーヒーを飲んで、サンドウィッチをほおばるんだ。すがすがしいね。食べ物を食べるに値する男たちが食べるのを見るのは。

古いレインコートと長靴を買ったことがある。レインコートはボタンではなく、ホックのやつ。地下室に隠しておいたから、誰にも知られなかった。それで、いい気分になりたい時、そのレインコートを着て、長靴を履いて地下室を歩き回った。僕は消防士。火を消したり、ネットを持ち、梯子を登って、人を助けたりするんだ。そして、レインコートと長靴を脱ぎ、消防署まで歩いて、訓練をしている消防士さんたちを見る。みんな消防車の手入れをしてたり、ホースを巻いたりしてる。僕は、臆せず一人の消防士さんに話しかける。「失礼します。僕、みんなが大好きです」。すると、その消防士さんは、振り向いてなにか親切なことを言う。もっと分別がつく前に、時々、パパはどこかで消防士をしてると思った。人を助け、子供には優しい言葉をかけていると。

「ママ、ママ！　起きて！　起きてよ！　聞いた、今の？　聞いた？　誰かノックしたよ」

ドアを開けると、近所のおばさんが立っていた。

「お母さんに話があるの」

僕は居間を出た。大人が来ればそうするのが決まり。でも聞き耳を立てた。

「来たわよ、ルシール。ビッグプレズが。一晩中ウチにいたの。子供たちにプレゼントがなく、お金しかやれないから怖くて帰れないって。遅くに戻って来てね。で、ウチで泣いてるの。バクチで勝ち続けて、終わってみればどこの店も閉まってたんですって」

僕はかまわず居間に駆け込んだ。ママは僕を抱きしめた。

「言った通りでしょ、ママ。帰ってくるって。迎えに行ってあげて。で、言ってあげて、僕たち、欲しいものはなんでもあるからって」

僕はきょうだいたちを起こしに戻った。「パパがいた！　パパだぞ！」。五人全員、我先にとばかりに、からまる毛布やらシーツと格闘しながら、転がるようにベッドから飛び降りた。ベッドカバーの下の靴下を必死に探す。大騒ぎだ。ぶつかり合いながら、互いの手や足を絡めたり。でも誰も怒らない。みんなキッチンに走って行って、ママが着替える間、飛び回っていた。ママは一番おしゃれな服を着た。白人にもらった、今まで着たことのない服だ。髪を整え、口紅を塗って、香水をつけた。

「そんなのつけなくていいよ。パパを連れ帰って来ればいいだけじゃない」

ママが出て行くと、少し静まった。僕らは居間の窓辺に座って待った。パパにはもう五年間、ほとんど会ってない。長く待った。だって、ママでさえ、パパにはこの五年間ほとんど会ってないから。

「本当は来てないんじゃない？」と十二歳のドロレスが言う。「どっちにしろ、会いたくないもん」

「僕は会いたい」とロナルド。ロナルドは七歳。ポーリーンの手を握りながら、床に座って震えている。ポーリーンは末っ子。もうすぐ五歳。

「あー、早く会いたいな。パパ、キレイな恰好してるよ、絶対。二百ドルのスーツなんか着て」と十四歳のプレスリー。

「何千ドルかのスーツだよ。絶対。賭けてもいい。で、ポケットにはお金たんまり」。そう言ったガーランドは九歳。

「うん、たんまり。でも、プレゼントはなし」と僕。

「お金稼ぐのに忙しかったんだ」とガーランドが言った。

「兵隊さんだよ、パパは」とロナルド。

「コックさんって、ママが言ってた」と言ったのはドロレス。

「くだらねぇ」

「なんだよ、リチャード。お前パパに会いたくないのか?」とプレスリー。

「先週は会いたいと思った。家賃を取りに来た男がママを口汚く罵ってた時は」

「パパは忙しいんだよ、お金稼ぐのに」とガーランド。

ポーリーンが泣きだした。ロナルドが体を寄せ、腕の中で揺すってあやす。「オヤオヤオヤ。静かにしなさいよ、子ネズミちゃん。パパが帰って来ますよ。兵隊さんなんだよ」

「コックさんだよ」とドロレスが言い、窓の外を見ようと、プレスリーを軽く押す。

「うるさいな、こいつ」とプレスリー。「お前、知ってるか? パパがお婆さんを抱いて道を渡ったの」

「知らない」

「ほら。お前はなにも知らないんだから。すごかったぞ、あの時のパパ。大きくて、カッコよくて。すごい腕の力。電車から転げ落ちたお婆さんを、ヒョイと抱き上げて、そのまま道を渡って、家まで送ってあげたんだ。みんな見てたぞ」

その晩、プレスリーはずいぶんしゃべった。僕は思い出していた。風体の悪い女の人が来て、ママに怒鳴りつけた日のことを——。「いるの? あんたの亭主」

「いません」。ママは丁寧に応えた。

「じゃ、これだけ覚えときな。あんたんちか、アタシんとこにいない時は、他の女のとこにいるって」

「ここへ来て、そういう口の利き方はやめて下さい。子供たちに聞こえますから」

「あんたの子供なんてどうでもいいさ。ウチにだって、あの人が見なきゃいけないガキが何匹かいるんだから」

そうか、ビッグプレズは帰って来るんだ。僕たちが寝た後も、ママが玄関の灯りを毎晩点けたままにしていたことを僕は思い出していた。いく晩も、いく晩も、ラジオを聞いていたことを。警察のニュースで、パパの名を聞くのではないかと心配しながら。最近パパと会ってないか、と警察が訊きに来た日々もあった。

タクシーが家の前に停まった。車のドアがドンと閉まる。「ツリは取っときな」。パパ独特の野太い声だ。僕らは大慌て。押し合い、へし合い、我先にとドアへ走った。ロナルドはポーリーンを落とし、みんなワーワー、キャーキャー。最後に耳に入ったのがママの声。「汚い手でパパの服を触っちゃダメよ！　ダメですからね！」

僕はベッドルームのドアをバタンと閉め、スニーカーを履いたままベッドに潜り込んで泣いた。ブランケットで頭を覆った。それでも、みんなの声が聞こえる。

「わぁ、見て、プレスリー。千ドルのスーツ！　言った通りでしょ！」

「すごい！　パパすごい！」

「ポーリーンの次は、僕ダッコだよ……」

「降りなさい、ビッグプレズから。服が汚れるでしょ、汚い手で触ったら」

「リチャードはどこだ、えっ？」

「リチャード！　ビッグプレズですよ！　出てらっしゃい！」。ママは僕の様子を見に来なかった。心配だったんだ。パパに後ろ姿を見せたら、また出て行ってしまうんじゃないかって。

「見てよ。あのお金百万ドルあるんじゃない？」

「どうしたの、パパ。そんなにたくさん……」

パパが札束をパタパタさせているのが聞こえた。野太い声で言っていた。

「いい子にしてたんだね、ドロレス。ママの言うことを聞いて……。プレスリーも。でも、お前はパパみたいになっちゃダメだぞ。ママによくするんだぞ。宿題もちゃんとして……。ガーランドはどうしてた……？」

僕はずっとベッドの中。ベッドカバーを噛み、シーツを蹴って泣いていた。パパのようになっちゃダメ。パパが心配してるのはそんなこと？　僕は歯ぐきから血が出るほどベッドカバーを噛んだ。涙で鼻がつまるまで噛み続けた。そんな心配しなくていいよ、パパ。お願いだよ。

しばらくして、ママがパパを連れて入って来た。「あのね、ビッグプレズ。リチャードは一晩中あなたを待ってたのよ。信じてたわ、あなたが帰って来るって。だから、パパにって、クリスマスプレゼントを買ったわ。毎年そうしてたのよ」

ママは僕がかぶっていたブランケットを剝がして、ママの方を向くようにごろりと転がした。「どうしたって言うの、リチャード？　呼んだの聞こえなかったの？　パパが帰ったって言ったでしょ？　なに泣いてるの？　なにがいけないの？」

ママはなにがいけないか言わなかった。うん、言っちゃいけない。よそ様には礼をわきまえなければならないからね。

「ビッグプレズ、この子ったらヤキモチ焼いてるのよ。それだけ。他の子のように抱き上げてあげなかったから」

僕はベッドに横たわったまま、そこに立つ男を見上げた。えらく背の高い男だ。今まで僕が見た中で一番高い。清潔そうで、強く、健康的。寝ている僕の脇に腰かけた。

「汚れたベッドに座っちゃダメよ」。ママは、パパのスーツを払い、白人にもらった、まだ一度も使ってないシルクのテーブルクロスを持って来た。それを、ビッグプレズの背広が汚れないように、六カ月もベッドを覆っていたシーツの上にかけた。

「お金持って来てあげたよ、リチャード」

「いらない」

「みんなより多いよ」

「でもいらない」

「どうしたんだ。会いたくないのか。パパだぞ」

「パパならいつも会ってる。ママが窓際にひざまずいて、泣きながら、パパが帰って来ますようにってお祈りしてる時に会ってる。あのね、僕に『ありがとう』って言ってもいいんじゃない？　僕がパパをここへ呼んだんだから。そうだよ。パパが病気をしないのも、僕が毎晩、神様に、パパがどこにいても、いつも見守っていて下さいってお祈りするからだよ」

「今度は家にいるよ、いて欲しいなら。そうして欲しいか、リチャード？」

僕はなにも言わなかった。

「仕事を見つけるよ。ママはもう働かなくていい。いて欲しいか?」

僕はパパを見据えたけど、なにも言わなかった。パパはきっと本気で訊いたんだろう。僕は横たわったまま思った。こんなオッサンがいるんだったら、僕が出て行く。パパなんかいらない、今は。パパがいればいいと思ったのは、僕が家に駆け込まなければいけないくらい、他の子たちに追い回されていた時。男にお札のお金をだまし取られた時。ブーのパパがいつも七時に帰ってきた時。

「ルシール、この子は一体どうしたって言うんだ」

「心配しないで。ヘンなの、この子」

頭にきた。ママが、パパをなだめるために、僕を差し置くなんて。

「狂ってるね、確かに。で、酒はあるかい?」

ママは例のウイスキーを持って来た。パパはラッパ飲みした。

僕はその日、着替えてから外に遊びに出た。三十分ごとに戻って、まだパパがいるか様子をうかがった。一度、そっとブーを入れて、覗かせてあげた。

「あれがパパ。お金持ちだよ。ポケットにごっそり入ってるぞ」

「お前のパパにお金なんかあるもんか。生活保護一家じゃないか」

「じゃ、一緒に来なよ。見せてあげるから」

僕はパパに歩み寄って、じっと見た。家に入って、パパになにか言ったのはそれが初めて。「お願いがあるんだけど」とは言わずに、ぶしつけに言った。

「パパ、ブーに五ドルあげて」

パパがポケットから、ごっそりお金を取り出す。ブーの目が飛び出た。そんな大金、見たことがなかったブー。パパが世界中のお金を握りしめている。きっとそんな風に見えたのだろう。カッコよかったね——二十ドル札や十ドル札や五十ドル札をもてあそんでる姿は。これでベンさんのとこで滞っているツケも済ませられて、前金も少し納められるかもしれないと思った。

「いいパパだね」とブー。

僕はいく度となく家に戻っては、パパがまだいるか覗いた。一度、出て行こうとしているところに出くわした気がする。シャンと服を整えて、茶色の鞄を手にしていた。でも、僕を見るや、鞄を置いた。僕が忍び入って耳にしたこと——それは、これからママにあれこれしてあげる、これからは家にいるとか。やれ、仕事を見つけて生活保護から抜け出すとか。どの女とも縁を切る。ママをナイトクラブに連れて行く。もう白人のために働かなくてもいいようにしてあげるとか。

「前にも言っただろ、お前が白人のとこで身を粉にして働いてること。子供たちだけで家にいるのはよくない」

ママは泣いた。「本当にそう思ってくれて？　プレズ。本当に？」

「本当だ」

ママは椅子にしていたオレンジの箱から立った。パパの顔を手で挟んでキスした。

僕は断りなく居間に入った。「オイ！　ママから手を放せ！」

パパは僕を叩いた。ベルトを外して尻を鞭打った。ママは僕を膝に押さえつけ、打たせ続けさせた。

「ふてぇヤツだ、あのリチャードは。こっぴどく叩いたけど泣きもしねぇ」

パパが叩く相手は、自分より小さい男。その自覚もない。自分より小さい男。僕は叩かれている間、泣けなかった。笑いたいぐらいだった。心の中で言った――分かってるよ、オッサン。あんたはどうせすぐに、そのベルトが僕に届かない、どこか遠くへ行っちまうだろう。

ママは僕に寝るよう促して、そっと耳打ちした。「パパに優しくしてあげて。ママのために。ね、お願い」

「パパが来たのは僕のせい。僕が裏庭で神様に頼んだから。パパのために祈ったから」

「そうよね、リチャード」

その晩、パパはママに暴力を振るった。家中追い回した。ママがどこの部屋に駆け込んでも叩いた。ベルトを振りかざして、平手で打った。汚い言葉浴びせて蹴り倒した――他の女たちとの関係をばらしながら。

「ナニサマだと思ってるんだ、このゲス女めが！」。そう言って、ママの背中をベルトで打った。ママは呻き、小さなテーブルにぶつかって倒れた。白人にもらったランプがテーブルから転げ落ちる。ママがかがんで拾い上げようとしたところを、後ろから蹴った。ママはつんのめるようにして、リノリウムの床に倒れる。顔を床に押しつけたまま、震えて泣いた。

「お前を連れて外なんて歩きたくねぇ」。そう言ってママのわき腹を蹴った。「みんな、お前のところへ挨拶しに寄ってきてよ。でもって、俺をまるでゴミのように見やがるんだ」。パパは髪をつかんで、ママがひざまずく格好になるよう、引っ張り上げた。ママは、頬に涙を伝わせながらパパを見上げる。そこへバチン！　横殴りのビンタ。

「俺には何人ものスケがいるんだ。お前が見たこともねぇ、すげぇ女が。ビッグプレズ様と街中を堂々と、喜んで歩く女がよ」。バチン。ママの顔は、また床に沈む。

「立て！　このアマ！」

ママはゆっくり立ち上がる。バチン。ママは酔っ払いのように、居間をふらふらと回る。よろめきながらキッチンへ向かう。ビッグプレズは、またベルトを取って、牛を追うようにキッチンのテーブルの周りを追い回す。その間、ママは椅子やオレンジの箱にぶつかってよろける。その椅子や箱をパパが蹴散らしながら追う。そしてまた居間へ。ママはソファに叩きつけられて跳ね返る。壁にも叩きつけられて跳ね返る。

「で、お前はリチャードになんて教えたんだ、えっ、売女め！　あのガキになにを叩きこんだか知らねえが、父親に歯向かうようなマネはさせねぇぞ。誰一人と」

ママはなにも言わなかった。一言も。泣いて、しゃくりあげていた。立っているのが精一杯。ビンタとベルトが飛んでくるのが見えるから、目を閉じて手で防ごうするけれど、逃げようとはしなかった。きょうだいたちは泣き叫んでいる。ロナルドとポーリーンは抱き合って、ドロレスは顔を手で覆い隠していた。ガーランドとプレスリーは恐怖に凍っている。僕はパパがママを殴り倒すのを見た。汚く罵るのを聞いた。ママが僕への愛情を差し置いて、僕を気違い呼ばわりした時、僕がママに言ってやりたいと思ったことをパパはぶちまけていた。パパは、憐れにも床にうずくまって泣いているママをそのままにして、僕に近づくなり、強烈なフックを喰らわせた。僕が激しく壁にぶつかったので、かけてあった額がホックから外れて落ちた。一つはイエス様の額。もう一つはモーゼの十戒。

やがて、パパとママはキッチンへ。そこで、パパは泣きながらママにキスしていた——悪かったと言って。これからは子供たちの面倒を見るからと言った。女たちとも別れて仕事に就くからとも。

ママは言い続けた。「いいえ、あなた。みんな私のせい。私がいけないの。あなたにああだこうだ言ってしまうから。家にいてくれて落ち着いたら、生活保護なんて受けなくても済むようになるでしょうから」

僕は起き上がってキッチンへ行った。パパはテーブルの椅子に座ったまま、手で顔を覆っていた。ママは、パパに寄り添うように立って、頭を撫でていた。二人して泣いていた。僕は、壁にかけてあった肉切り包丁――黒い柄のついた大きなやつ――を手に取ると、パパの頭をめがけて振った。酒場で何人もの人がナイフを振りかざすのを見ていて、ナイフをどう使えば切れるか百も承知。頭を狙う。思い切り振る。とんでもない父親を持つ世界中の子供のために僕は振った――彼らの憎悪を一身に込めて。

ママが両手で僕の手首をつかんで、包丁をねじり取った。

パパはゆっくり僕を見上げた。どんなに恐ろしかっただろう。自分を見上げる息子の目に殺意を認めるのは。

「もう、行くよ、ルシール」。パパは静かにそう言った。「止めるんじゃなかったよ。殺させてやればよかった。俺は所詮ダメな男だ。お前を大事にしてあげられなかった。あの子も。死んだ方がいい」

パパは立ち上がった。「ルシール、リチャードを叩いちゃダメだぞ。決して叩くなよ。俺が悪かったんだから」

ママは、パパの足にしがみついた。パパは、ママを蹴って放させて、背を向けた。出て行きざま、ママはパパが閉めようとしたドアを閉めさせなかった。

「違うわ、あなた。リチャードはそんなつもりじゃなかったはずよ。あの子は狂ってるの。知ってるでしょ、それは……」

パパは向き直った。ママがドアのつっかえ棒にしていた足を蹴って外させ、勢いよく閉めた。ママは手にドアノブを握ったまま倒れ、床を滑った。

きょうだいたちが叫んだ。「行かないで、パパ！　行かないで……！」

僕は後を追った。パパは、僕に気づいてない。残酷無比な犯罪に遭った不幸な被害者のように頭を垂れている。酒場に入るまで頭を上げなかった。僕は続いて入った。パパには見えない、ドアの近くに立った。パパはカウンターに座っている女のところへ、すたすた歩み寄った。女はタバコをふかしながら、足元のレールをパタパタと軽く蹴っていた。

「どこ行ってたの、ビッグプレズ？　何時間も待たせて」

「モリーよ、あの売女めが、お前の悪口を言ったから、ちょいと懲らしめてやってたんだ。で、ガキがいてよ、リチャードっていうガキが。拝ましてやりてぇくらいとんでもねえガキでよ。いくらこっぴどく叩いても泣かねぇんだ」

「一日中待ってたのよ。あんたのガキの話なんか聞きたくないわ。どうせ分かんないじゃない、あんたの子か、あの人……」

「おい、気をつけてものを言えよ。ルシールはそんな女じゃねぇ。おめぇみてぇなあばずれじゃねぇ」

「あんた一体誰のおかげで食べてられると……」

強烈なビンタが飛んだ。女はスツールから転がり落ちる。くわえていたタバコが飛び、靴が片方脱げ、顔面から床に落ちた。パパは女を何度も踏みつけた——男が女には決してしない踏みつけ方で。僕はその晩、パパの一番いい面を見た気がした。男が二人、テーブルから立ち上がってパパの方へ歩み寄る。パパは、女にまたがるように立ったまま、反り返るように頭を上げて笑った。ポケットから出した手はカミソリを握りしめていた。

「近寄るんじゃねぇ。いいか！　俺がこのアマをどう踏みつけようと、俺様を止められる馬の骨はどこにもいねぇ！」

誰も微動だにしなかった。

パパは勝ち誇ったようにして出て行った。僕のパパ。僕は起き上がろうとする女に手を貸した。女は僕を追い払うよう手を振った。

僕は「とんだ目に遭いましたね」と言った。

ぺっ！　女は僕の顔に唾を吐いた。彼女は知らなかったんだ。僕がビッグプレズの息子だと。

僕はパパが去って行くのを見ていた。誇らしげに歩いていた——頭をシャンと上げ、手をゆったり振って。ビッグプレズさんよ。娼婦や尻軽女どもの中では、まるでギャングのアル・カポネ様だ。「愛してるわ！」って道の向こうで言う女がいた。自分の子供の誰からもそう言われたことのない男。子供にそう言われることがどんなに大切なことか。サイコロ賭博でどんな大当たりを取るより、どんなに大事なことか。あの男は子供の成長を見るのを逃がしたんだ。「パパが寝てる」と言って、子供がベッドに潜り込んで来て一緒に寝る。それが味わえなかった父親。僕が今味わっているそんな気分を知らなかった父親。父親が強くは噛まないと知っているから、口の中に指を入れてくる幼い娘。絶対に受けとめてくれると思うから、「パパ、上に放り投げて！」とせがむ小さな娘。あの男は、そんな子の声を聞かなかった。

ビッグプレズは寂しさを生きるしかない男。一人寂しく目を覚ますことが、いく度となくあっただろう。娼婦たちと過ごし、サイコロ賭博でツキまくり、歓楽に耽った日々。それら全てをなげうってでも、過去にさかのぼって、一人の子供でもいい、その子が歩み寄って来て「パパ、大好き」と言うのを聞きたかっただろうに。

そんな時があったはずだ。だって、僕は後にナイトクラブなんかでいろいろな「ディック・グレゴリー」を演じて稼がせてもらうようになったけれど、名声もお金も全てなげうってもいいと思う――パパを「パパ」と呼べる日々に戻れるものなら。

しかし、父親がいなくても、いい母親がいると、神様がパパの代役を務める。決して満足が行く代役ではないけれど、ちょっとした慰めにはなる。でも、僕はママが「神様、なんとかして下さい」と祈るのを聞くのにウンザリしていた。「家賃が払えますように」、「電気が点きますように」、「お鍋が食べ物でいっぱいになりますように」。僕は、それは神様のやることじゃないと思った。それでなくても、まだ幼かった僕は大変だった。外で「いい子だね」って頭を撫でてもらおうと、しおらしく大人にすり寄るのが。「ウチの子も、グレゴリーのとこの子のように育ってくれればいいんだけど」と言われる振る舞いをするのは、本当に大変だった。どれほどみんなが僕たちグレゴリー家の子供たちを誇らしく思っていたか、ビッグプレズは知らなかった。

そんなこんなで、ビッグプレズは僕たちを置いてきぼりにして去って行った。残して行ったのは寒い冬、暑い夏、新しいものがなにもない復活祭、ピクニックには空のバスケット。パパは、毎年僕たちに教会にすら行けなかった日があったことを気づいていただろうか――たった一度しかこない父の日に。

包丁なんかで襲うべきではなかった。パパのために、ひざまずいて泣きすがるべきだった。どんな子も、どんな妻も、ダメなオヤジに手を上げてはいけない。もうケリはついているから。「己が家に災いをもたらす者が相続するものは、空っ風のみ」

その夜、家に帰ったら、ドアノブはドアについていた。玄関の電気も点いていた。ママは一晩中窓から外を眺めていた。ママが窓際で外を眺めていたのは、三、四カ月くらい続いた。椅子に座って、警察発表のニュースを聞きながらウトウトしていた。ベッドで寝ないで仕事に行っていた。

僕は時々ママと起きていた。一緒にラジオを聞きながら窓の外を見ていた。僕は知らないふりをした――ママがパパを待ってるって。

Ⅱ

多くの黒人の子供がそうだけど、僕たちはママなしでは全うな人間になれなかっただろう。豆と煮る豚の脂身がなかった時、靴下がなく素足で靴を履いていた時、明日を生きる希望がなかった時、ママは言った。「ウチは貧乏じゃないのよ、ただスッカンピンなだけなの」と。そう、貧乏はのっぴきならない心の状態。スッカンピンは一時的。ママは、糖尿病で高血圧。足はむくんで、よくテーブルにもたれるように崩れていた。そんな時でさえ、大きく微笑んでいた。ママはいつも言っていた。二十四時間、笑顔を絶やしてはいけないと。苦労を顔に出したら、人から憐れみを買うだけ。決して尊敬されない。人生は、笑って生きるか泣いて生きるかだと。笑っていれば希望がある。旦那さんが階段から落ちて、そこでもがき、悲鳴を上げるばかりでは、それを目の当たりにする奥さんは、気絶するかもしれない。でも、その旦那さんが少しでも痛みをこらえれば、奥さんはさほど取り乱すことなく、お医者さんを呼べる。旦那さんが命をとりとめて再び笑うか、その場で死んでしまうかの差にもなると。

だから笑う。微笑む。月に一度、救援物資を運んで来るグレーのトラックが家の前に停まると、ママは、輝く笑みを浮かべながら、手を大きく広げ言っていた。「こんなサービスを受けられるのは、ご近所でウチより他に誰がいて?」。僕たちは鼻高々。というのも、近所で生活保護受給者でない人たちも、失業して旦那さんが家にいる人たちも、みんな裏のポーチにやって来て、僕らが受け取る何百ポンドものジャガイモや、砂糖や、粉や、塩漬けの魚をもらいに来るから。僕たちはそれを援助担当の係員のように配る。代わりに、みんなが持って来る食糧をもらうんだ。

ある暑い夏の日のことだった。ママは帰るなり、オレンジ用の木箱の椅子や中古のランプもろとも、路面電車の通る道に放り出されているのを見て、我が家は追立を喰らったと知った。ママはにっこり、太陽のように微笑んだ。僕たちの涙をぬぐって、粉末のクールエイドを買った。僕たちは、それをそこで、電車から降りて来る人たちに清涼飲料水と言って売った。誰も、僕たちが立ち退かされたとは分からないだろうと思って。僕たちがそこにいたいからだろう、と勘違いしてくれてるんじゃないかと思って。ママはその間、家主さんに、家賃を信用貸しにしてもらえないか頼みに行った。

僕は時々思うんだ。ママや他の黒人のお母さんたちは、六時起きして白人の家に働きに行っていたけど、道は濡れていて冷たかったので、靴に布袋をかぶせて通っていた。そんなみんなが、一体どうやって今日までしのいできたのかと。みんな、白人のご主人さんたちのために一生懸命働いた。彼らの朝食を作り、床を磨き、赤ん坊のおむつを替える。自分の子供と一緒にいる時間はあまりなかった。

僕は、夜の十二時になって、白人のキレイな家を後にするママを想う——電気が三カ月も止まっていて、水道のパイプは凍り、壁の割れ目から隙間風が入る我が家へ向かうママを。ネズミにも、食べ物を少し残しておかないと……。帰るとネズミたちと取り引き。食べ物を少し置いといてあげるんだ。さもないと、連中はドアをかじったり、赤ん坊を噛んだりするから。ゴキブリどもは家族のようだった。

白人の子供たちに、「食べた後は歯を磨きなさい」、「おしっこをしたら、手を洗いなさい」、と言っていた時のママは、なにを思っていたのだろう。僕たちには言わなかった。家には石鹸もなく、水も出なかったから。

学校の看護婦さんがくれた、僕たちが飲まなければならないビタミンや薬や肝油などのリストを持って帰った時、ママはどんな気持ちだったのだろう。ママは一晩中泣いた。そして、家賃の大半を使って、リストに載っているものを買った。一週間後、白人の家主が十八ドルの家賃を取りに来た。ママは、翌日まで待って欲しいと頼んだ。財布をなくしてしまったから。生活保護費の小切手がくるから。働いているところの白人が用意してくれるから。明日には必ず、って。僕はその間、石炭キャビネットの中に隠れていた。そこは、子供二人までのアパートだったから。僕は、家主がママを罵り、嘘つきだと言うのを聞いた。やっと家主が帰ると、ママは布袋を靴にかぶせて、白人の家へ向かった――恵まれた子供らにキレイな服を着せに。その母親が、キレイな格好をしたその子らを専門の小児科医のところへ連れて行けるように。

ママが僕たちを連れて行ったのはホーマー・G・フィリップス病院。無料で、黒人専用の市立病院。何時間も立って待たされた。医者か看護婦が通るたび、ママは卑屈なまでの笑顔で愛想を振りまく。僕たちを不潔で、そこに来てはいけない者のように見るのではなく、笑顔を返してくれる医師や看護婦さんがいると嬉しかった。医療スタッフはみんな黒人だった。

ある時、白衣の医者がやって来て、「この子はどこがいけないんだ」とママに訊いた――どこも悪くないんじゃないか、と言わんばかりに。

ママは僕を見て、それからその医者の方を向く。首を振ってからこう言った。「どこが悪いのか分かりませんが一晩中泣いてました。お腹を押さえて」

「じゃ、中に入れて、その汚い服を脱がせろ」

僕は、その医者のママへの口の利き方に腹が立った。体温計を強く噛みすぎて壊してしまった。医者は僕の頬を叩いた。

「お前らは戻って列の後ろに並べ。順番待ちだ！」

ママは「どうもすみません」と言って列の後ろに行かざるを得なかった。家にはまだ五人の子供がいて、きっと、また誰かを連れて来なければならないから。

ママは、奉公先の裕福な白人をたいそう誇りに思っていた。他の黒人のママたちもそうで、自分が奉公する家の人たちがいかにいい人か自慢し合っていた。どれほど金があるか、どんな素晴らしいパーティーをするか、どんなキレイな服を着ているか、嘘で固めた話をしてた。遺言にどのように記されているかとまで。次の朝、ママの奉公先の婦人は言うんだ。「ルシール、私たち二カ月ほどヴァカンスに出かけるの。帰って来るまで来なくていいわ」って。クッソウ。二カ月の無給休暇だ。

ママが、なぜ精神的にあれほど美しく、健気でいられたか不思議だ。むくんだ足で週七日立ち働き、家が暗く寒い時でも、僕たちにはいつも笑顔を忘れないように、と言っていた。いつ何時、お腹を空かした子供が、「パパはどこ？」と訊くかもしれない中でも。

ママは嫌な民生委員が来る時も、僕たちに人を憎む心を植えつけなかった。その民生委員は、クシャっとした顔の性悪な女で、こう言い放った。「グレゴリーさん、どうやら仕事をしているようですね。調べ上げますよ、絶対に。生活保護受給のごまかしは見逃しませんからね」

ママは生活保護受給詐欺師。子供の空腹に耐えられなかったママが犯罪者。子供がスラムで育ち、暗い街角でひったくりをするようになるのが忍びなかったママ。そんなママが犯罪者。でも、制度はママを生活保護者にしておきたかったんだろう。ママが生活をよくしようとしなければ、民生委員を差し回し続けられるんだから。

僕は、あの民生委員がアパート中をくまなく調べ上げて行ったのを覚えている。リノリウムの床が石炭でススけているのを見ては顔をしかめ、流しの中の汚れた皿の上を這う虫を見ては顔を背けた。ママは横で、家の掃除ができない怠け者を演じる他なかった。二ドルと交通費を稼ぐため、よその家の掃除をしているとは言えなかった。ママは、性悪女が立ち入る三つあった全ての部屋について回るしかなかった――クローゼットに隠してある電話が鳴りませんようにと祈りながら。生活保護受給の家庭に電話はご法度。だけどママは、僕たちがいずれ、ノーステーラー通りから抜け出して、電話持ちの家の子供たちと競い合う世界へ旅立つと思っていた。だから、僕たちにハンデを負わせたくない。でも、民生委員にはそう言えなかった。よそ様の子供に、食べ物をスプーンで一口ごと与えている時、自分の子供がどうしているか心配で、電話して様子を確かめたかったとは。パンに挟むハムはあるか。ハムを挟むパンはあるか。線路脇の溝で遊んでいる僕たちの誰かが電車にひかれてないか。石炭がないからと言って、ストーブに紙や雑誌を詰め込んで、火事を起こしてないか心配だったとは。

でも、時々、電話しても誰も出ない。僕たちにとって家は、他に行くところがなくなった時だけに帰るところだったから。

人を嫌う気持ちは、家で育まれた感情ではなかった。恥もそう。それを教わったのは学校でのこと。最初の苦い教訓は、僕が七歳ぐらいの時。僕はヘリーン・タッカーという女の子が好きだった。褐色の肌をしていて髪はピッグテール。行儀のよい子だった。いつも清潔にしていて、頭がよかった。学校へは、もっぱら彼女に会うために行っていたと思う。髪にブラシを通して、くたびれたハンカチまで持つようになった。女物だったけど、手で鼻をこするところを彼女に見られたくなかった。水道のパイプが凍って水が出なかったけど、毎晩靴下とシャツを洗った。深鍋を持って、ベンさんの食料品店へ行き、ソーダ機の中の氷を鍋ですくう。夜までに氷は融けて、その水で洗った。シャツや靴下が乾く前に、ストーブの火が消えてしまうので、その冬はよく風邪を引いた。乾いていようが濡れていようが、朝になればそれを着るしかなかった。それが僕の一張羅だったから。

どんな人にもヘリーン・タッカーがいる——心から大切にしたい人が。僕は、ヘリーンの性格のよさと清楚な感じが好きだった。人に好かれる彼女が好きだった。彼女が僕の家の近くの道を歩いて来ると、きょうだいたちが、「ヘリーンが来た!」と叫んだ。そんな時、僕はズボンのすその後ろで、テニスのスニーカーの泥を払い、髪の毛の縮れと白人にもらったシャツのだぼだぼさ加減を気にしながら彼女を迎える準備をする。そして道に駆け出した。立場をわきまえて、ちょうどいい距離を保てば、彼女はウインクして、「ハロー」って言ってくれる。嬉しかった。時々、彼女の家までついて行った。玄関までの道の雪かきをしてやって、彼女のママや叔母さんたちに気に入られようとした。酒場で靴磨きをして稼いだお金を、夜遅く玄関口に置いた。彼女にはパパがいた。いい職に就いていたパパ。壁紙張り職人だった。

今思えば、ヘリーンへの思い入れは夏までには冷めていたはずだけど、教室でのある出来事が彼女を忘れられない存在にした。二十二年もの間、彼女の顔が目の前から消えなかった。高校でドラムを叩いている時も、それはヘリーンのため。大学で陸上競技の新記録を出したのもヘリーンのため。マイクの前に立つようになって、拍手を聞けば、ヘリーンも一緒に聞いてくれればと願った。僕がヘリーンをやっと忘れられるようになったのは、収入もあって結婚してからのこと。二十九歳になっていた。僕が教室で、恥のなんたるかを知った時、ヘリーンはその場にいた。

木曜日だった。僕は教室の後ろの方に座らせられていた。チョークの丸い線で囲んである椅子に。おバカさんの席、トラブルメーカーの席。

先生は僕をバカ扱いした。スペリングはできない。読めない。計算もダメ。バカそのもの。所詮、先生たちは僕がなぜ集中できないのか、分かろうとしなかった。朝ご飯を食べてなく、お腹が空きすぎていた。考えることと言えば、お昼のことだけ。早くお昼になれ。それしか頭になかった。たまに、クロークルームに忍び込んで、誰かのコートのポケットからサンドイッチなどをくすねた。なにか一口入れたかった。糊でさえも。糊は食べ物に非ず。パンに塗ってサンドイッチ、というわけにはいかない。妊婦は味の好みが変わる。僕は時々、教室の後ろにあった糊のビンから、それをサジですくって舐めた。僕は貧困を孕んでいた。泥をも食べるほどの空腹を孕んでいた。人が逃げ出すほどの悪臭を孕んでいた。寒さも――。新しい靴なんて買ってもらえない。あきらめも孕んでいた。ベッドには僕の他に五人、そして隣の部屋にパパはいない。そんな惨めな状態を孕んでいた。飢えを孕んでいた。腹ペコだと、糊だってまずくはない。

先生は僕をトラブルメーカーだと思っていた。先生が、教室の前の方から見たのは「おバカさんの席」に座る、落ち着きのない小さな黒人少年。ガサついて、周りの子供にチョッカイを出す少年。僕がガサつくのは、僕の存在に気づいて欲しかったからだと、先生には分からなかった。

黒人の給料日はいつも金曜日。木曜日になると先生は、生徒一人一人にお父さんが共同募金にいくら寄付するか訊いた。どの子も、金曜の晩にパパからお金をもらって、月曜日に持って行った。その時、僕はお金にものを言わせて、パパがいるフリをすることにした。「パパを買おう」。ポケットには、靴磨きや新聞を売って稼いだお金があった。ヘリーン・タッカーが持って来ると言う金額を上回ってみせる。呼ばれたらすぐに渡そう。パパを買うのに月曜日まで待っていられない。

緊張で震えた。先生は出席簿を開いて生徒の名を一人一人、アルファベット順に呼んだ。

「ヘリーン・タッカー?」

「パパは二ドル五十セント寄付するって言ってました」

「素晴らしいわ、ヘリーン。本当に」

僕は気分がよかった。難なく上回る額だ。ポケットには十セント硬貨と二十五セント硬貨で三ドル近くあった。僕はポケットに手を入れた。お金を握ったまま、先生が僕の名を呼ぶのを待った。でも、僕以外の生徒の名を呼び終えると、出席簿を閉じた。

僕は立ち上がって手を挙げた。

「なんだって言うの、今度は?」

「先生、僕呼ばれてません」

先生は僕を無視して黒板に向かった。

「分かる、リチャード?　あなたにかまっている暇はないの」

「パパが寄付を……」

「座りなさい！　授業の妨げになります！」

「パパが……十五ドル寄付するって言って……」

先生はぐるりと向き直った。怒っていた。「リチャード・グレゴリー！　これはあなたやあなたたちのような貧しい人たちのために集めているお金です。あなたのパパが十五ドルも寄付できるのなら、なぜ生活保護を受けてるの？」

「お金、今持ってますよ。ここに。パパが、今日渡すようにってくれたんです。言ってましたよ、パパは……」

「それにです……」。先生は僕を見据えた。小鼻を膨らませ、唇を平たくして、目を見開いた。「みんな知ってます。あなたにパパがいないのを」

ヘリーンは振り向いて僕を見た。僕を憐れんで、目に涙をたたえている。僕は、彼女がよく見えなかった。僕も泣いていたから。

「リチャード、座りなさい」

それまで僕は、先生に好かれていると思っていた。金曜日の放課後、いつも名指しで、黒板を洗うように言いつけた。僕はわくわくした。大事なことを任されている気がした。僕がやらないと、月曜日、学校はちゃんと機能しないのではないかと。

「どこへ行くんですか、リチャード？」

僕は出て行った。そして長い間、学校へはたまにしか戻らなかった。そこにあったのは恥。

どこへ行っても恥だらけ。全世界の人が教室に集まっているような気がした。みんなが先生の言ったことを聞き、振り返り、僕を気の毒に思った。「立派な少年たちのためのクリスマスディナー」へ行くのが恥ずかしかった。みんなが、「立派な少年たち」とは誰のことか知っていた。なぜあのディナーはただ「少年たちのクリスマスディナー」と言わなかったのだろう。そもそも、あのディナーに名前をつける必要はない。僕は、社会福祉事務局が三千人の少年に支給する、茶とオレンジと白の格子柄のマキノーコートを着るのが恥ずかしかった。なぜお揃いのコート？　一目で生活保護受給者と分かってしまうのに。フードがついていて、確かに暖かかった。だけど僕はそれを、コテージ通りの満杯の生ごみ缶の底に捨てた。ママは僕を叩いて、恩知らずのチビネズミと呼んだ。日暮れにベンさんのところへ行って、腐りかけの桃をもらうのが、ただただ恥ずかしかった。シモンズさんに大匙一杯の砂糖をもらいに行くのが恥ずかしかった。生活援助物資を運んで来るトラックに向かって走っていくのが恥ずかしかった。僕たち生活困窮者のための食糧を満載したトラックがいやでいやでたまらなかった。僕はあのトラックが来るたび、家に駆け込んで隠れた。ホワイトさんのイートショップに入って行く人たちの目を避けるため、遠回りして家に帰るようになった。そう、全世界の人があの先生の一言を聞いてしまったんだ――みんな知ってますよ、あなたにはパパがいないと。

感覚がマヒしたような状態がしばらく続いて、その間、僕はずっと自分を憐れんでいた。そんなある日、大衆食堂であるノミスケに会った。僕はその日、一日中靴を磨いて、それに新聞も配達したので、たんまり稼いでいた。そこで、チリビーンズとチーズバーガーをそれぞれ十五セントで買い、五セントでペプシ、そして十セントでケーキを買った。ごちそうだった。

ノミスケが入って来た時、僕は食事中。僕はノミスケが好きだ。自分以外、他の誰も傷つけないから。彼はカウンターに座って、二十六セント分の食事を注文した。そして、それをおいしそうに食べる。オーナーのウィリアムズさんに支払いを求められると、ノミスケは嘘をつくわけでもなく、またポケットに穴が開いていたなんてしらじらしい素振りもせず、ただ一言発した。

「金はねぇんだ」

ウィリアムズさんは怒鳴った。「金がなくてなぜ入って来た！　なぜ食った！　こっちにだって金がかかってるんだ！」

彼はカウンターを飛び越えて、ノミスケをスツールから殴り倒した。すかさずサイダー瓶で頭を一撃。一歩引き下がって、ノミスケが血を流すのを眺めていた。そして、さらに蹴りを加えた。

僕は血だらけになったノミスケを見て、歩み寄った。「ウィリアムズさん、もういいでしょう。僕が払いますよ、二十六セント」

ノミスケはゆっくりとスツールをよじ登り、這うようにしてカウンターまで起き上がった。足の震えが止まるまで、カウンターに手をついていた。そして、僕を憎悪剥き出しに見据えて言った。「金は取っとけ。払わなくていい、ここんところはな。今、支払いは済んだ」

ノミスケは出口へと歩き始め、去り際に、しゃがみ加減で僕の肩に触れた。

「ありがとうよ、坊や。でも、遅すぎたな。なぜもっと早く払ってくれなかったんだ？」

僕はそのことで自己嫌悪した。人助けし損ねた、のろまな僕。

感謝祭の頃、白人の女性が訪ねて来たことがあった。毛糸の緑色のボネットをかぶっていて、笑顔を絶やさない婦人だった。

「お母さんはおうちに?」

「いません」

「入ってもいいかしら?」

「なんのご用ですか?」

婦人はずっとニコニコしていたけど、大きな黄色いバスケットを、かがんで持ち上げる際に、かすかに溜息を洩らした。バスケットは、教会で見かける「貧者のバスケット」。

「これはお宅用」

「なにが入ってるんですか?」

「いろいろよ。キャンディ、ジャガイモ、ケーキ、それにクランベリーソース」と彼女は笑顔で答える。それから鼻にシワを寄せ「それに、感謝祭用にまるまる太った大きなターキー」と言いながら僕をヘンな顔で見た。

「調理済みですか?」

「太ってジューシーなターキーよ。羽もきれいに取って……」

「調理してあるんですか?」

「いいえ……」

「ウチじゃ調理できないんだ」

僕は、婦人の鼻先でドアをバタンと閉めた。そんな立派なターキーが家にあって、調理できないなんて耐えられない。ガスがなく、電気もなく、石炭もなく。ただまるまると太ったジューシーなターキーだけがゴロンとあるなんて。

僕は、食料品店のベンさんを思い出すことがある。背が低くコロッとしてて、白い毛がところどころ塊になって頭に乗ってる、寂しげな目をしたおじいさん。顔はネズミ色がかっていて、その皮膚はたるんでいる。しゃべると、それがプルプルしてた。

「ベンさん、ママがパンを一斤って。できたてのパンだよ」

「はい、はい。今すぐ持って来るよ、リチャード」と言って、三日前に街のパン屋で買って来たパンを持って来た。ツケで買う客にはそれしか提供できなかった。ベンさんは、それをカウンターに置いた。ゴトン。

ツケがいくらなのか、ベンさんが記すための帳簿を渡した。表紙にタバコ入れの絵のある緑色の通い帳。ベンさんは、耳の後ろに挟んだ鉛筆を取り、その丸まった先をなめて書いた。六セント。

「学校はどうだね、リチャード。好きかね?」

「好きです」

「いい子だ。よく勉強するんだぞ。で、賢くなるんだ」

僕は走って帰って、パンは焼き立てではなく、古いパンだとママに告げた。するとママは例の輝く笑みを浮かべてこんな風に答える。

「あら、ベンさんたら。私がトーストにするって知ってたのね」

桃は腐っていて、パンは古く、バターは時々緑色になっていた。でも、いざという時には、ベンさんがいる。ユダヤ教の祝日の前日など、店を開ける前に、余ってダメになってしまいそうな食料をみんな持って来てくれた。クリスマスの前には、肉を届けてくれた。代金はどうせツケになり、回収できないと分かっていながらも。腹の皮が背について、もう限界を通り越すあたりで、ママはいつもベンさんのところでなにか調達し、夕食らしきものを作ってくれた。

三日続けてベンさんの店に通い、窓越しにたった一セントで買えるハーシーズのナッツ入りチョコバーをせがんだことをよく覚えてる。

三日も続いたので、ベンさんは言った。「さぁ、出た出た。さもないとママに言いつけるぞ。物乞いをしてるって」

ある晩、僕はレンガを投げつけ、ウインドーを割ってチョコバーを盗んだ。

翌日、ママに頼まれてパンを買いに行ったら、ベンさんが顔の皮をプルプルさせて、女の人に言っていた。「なんだってたかが一セントのチョコバー欲しさにウインドーを割らなきゃならないんだ。みみっちいチョコバー一本ですよ。くださいって言えばいいだけなのに。一言、くださいって。ワシはあげてやるさ」

Ⅲ

その頃一番仲がよかったのがブー。本名はチャールズ・シモンズ。今はセントルイスで教師をしている。ブー。九歳の頃から風体は既に五十歳。生まれつきの爺さん。ブーはよく歩道の縁石に座って、食パンの中を全部くり抜いては、それをいくつもの白い小さな団子に丸め、丁寧に一列にして縁石に並べていた。そして、端から一つ一つ拾って食べた。ブーが食べ終わるまで、僕はそばに座って、悪巧みの話し合い。

「おい、リチャード」

「なに？」

「動物園へ行って、トラを全部檻から放しちゃおうぜ」

「そんなの面白くないよ。路面電車の車掌をやっちゃおう。火だるまにして、ベンさんのアイスボックスに放り込むんだ」

「いや、カルビンをやっつけよう」

カルビンはブーの弟。

ブーはめっぽう強かった。どのギャングのグループも、彼を仲間に引き入れようとした。すごいファイター。勝てない相手には、頼りになるお兄さんが何人も控えていた。ブーにチョッカイを出そうものなら、それは宣戦布告するようなもの。ブーは決して自分から喧嘩を吹っかけなかった。根が怠け者で、面倒くさがり屋だから。でも、僕がやられそうになった時は、何度も助けてくれた。僕はあたりで一番の臆病者。役目はみんなの使い走り。カルビンの使いもした。

ブーと僕。トラックの大きなタイヤの輪の中に入って、道路を転がったり、箒の柄とサイダーのキャップでスティックボールをしたり。一緒だと最高に楽しかった。キャップに泥を詰めると、ずっと遠くへ飛んだ。泥は、相手チームにバレないように詰めるのが肝心。一番楽しかったのがスナッチ&ラン。散歩のふりをして歩く。手をポケットに入れたまま、口笛を吹いて、何気なくあたりを見ながら歩く。「猛犬に注意」のプレートのあるフェンスの前に差しかかる。身をかがめて、そこを静かに通る。そして、ゲートの扉を素早く開けて逃げる。僕が速く走れるようになったのは、この悪ふざけのおかげかもしれない。狂暴な犬に追われれば、世界記録だって破れる。

グレートデーンに噛まれたことがある。コートブリリアント通りの家のゲートを開けた時だった。飼い主が見ていたので、診療所へ行ってもどの犬に噛まれたか言わなかった。白状すれば、飼い主のところへ連れて行かれ、その犬が狂犬病かどうか調べる。そうなると、飼い主はママに僕がなにをしたか伝えてしまう。結局僕は、狂犬病予防注射を十四種類打つ羽目に。

ブーと僕は、さしてスリルに富む悪さはしなかった。喧嘩では他の連中にハッパをかけたり、もっと派手にやるようけしかけたりはしたけれど、警察が来ると真っ先に逃げた。僕らの地域には黒人のお巡りがいて、彼らは容赦しなかった。白人の警察官より僕らのことをよく分かっていて、僕らの悪事が、彼らの取り締まりの基準になっていた。ビッグ・ブラック、ミドルブルックス、クラレンス・リー、そしてグライムズ。屈強さでは彼が一番。グライムズは、一人につきパンチ二発、七人のチンピラを病院送りにした。校庭でワインを飲んでいるヤツを見つけた時、野球のバットで、ラッパ飲みしているそいつの瓶をすかさず割ったこともある。

ブーと僕がやってのけた最大の悪さは、路面電車を爆撃したこと。夏場の暑さで乾燥すると、黒い塵がセントルイスを覆う。その塵をショッピングバッグに詰めて角で待つ。そして電車が来ると、ソフトボールのピッチャーのようにそれを振り回し、電車が止まったところで投げつける。ドカーン！　塵が収まるまでには、ブーと僕はポーチの階段下へ移り、そこで高みの見物。乗客が目をこすったり、服を払ったり。彼らの咳き込みと罵声を聞きながら笑い転げていた。

とはいえ、大抵ブーと僕は懸命に働いていた。土曜日が大忙し。夜明け前から起きて、白人の住む地域に行く。ママが働くお金持ちの白人のところではなく、労働階級の人たちが住むところへ。季節によるけど、そこで階段を磨いたり、雪をかいたり、車を洗ったり。窓も拭いた。僕はよく兄のプレスリーと向かった。一人の時もあった。というのも、ブーのお父さんはお抱え運転手で、そんなに焦って働かなくてもよかったから。僕は窓拭きが苦手。二階の窓の下のわずかな出っ張りに立つのが怖かった。そこから中に入ってまた出て、次の窓の前に立つ。僕はそこで祈ることもあった。何度か小便を漏らしてしまったこともある。

白人の住宅街での仕事を終えると、黒人地域に戻って、だいたい二時から四時頃まで食料品を運んだ。それから、靴磨きの箱を持ち歩いてお客探し。そうしながら薪や石炭を売った。薪は塀を壊したりしてそこらじゅうから盗んだ。夜は、白人の酒場で靴磨き。そして朝の三時頃まで、日曜新聞を売った。家に帰り、六時に起きて、九時半頃までまた新聞配達。

僕が困ったのは、お客さんからいくらもらっていいのか分からなかったこと。一ドルぐらいのことで嫌われ者になりたくなかった。そこで、「僕の働きに見合うと思う額でいいです」と言った。「働きに見合う額」を払ってくれる人はほとんどいなく、僕は幻滅して立ち去った。でも、そう言っておけば、またそこへいつでも戻れると思った。多くもらおうとしないから、嫌われることはないと。とはいえ、ずいぶんバカを見た。

新聞を売り終えると、後片づけをして教会へ。僕は教会が好きだった。じっと座って、心地よい音楽を聴く。牧師の大声。そしてみんなキレイな服を着て、おめかししている。黒人教会は黒人にとって格別な意味を持つ。それは黒人クラブ、社会生活の場、黒人を抑圧する街の「支配人」を忘れるところ。その頃の僕にとって、教会は、神様に包まれるところ。その神様は、どんな教師よりも、どんな民生委員よりも大きな存在。二階建ての家に住む人よりも。

僕たちはよく映画を観に行った。映画が好きでたまらなかった。アラン・ラッドとハンフリー・ボガート。カッコよかった。同じように歩き、口の端っこから言葉を放つしゃべり方を真似た。タバコの吸い方も。最後の一服は、煙が肺を通過して、つま先まで行きわたるくらい深く、深く吸う。シリーズ物もよく観に行った。「スパイ・スマッシャー」。いいヤツが勝つ、と分かるまで十五週。ターザンは全部観た。豚のようにブーブー唸りながら飛び回り、ハイパワーのライフルを構える白人に槍をかざして立ち向かう間抜けなハリウッド製アフリカ人を観て、みんな笑ってた。ターザンが木から飛び降り、百人ぐらいいたアフリカ人を手玉に取った時、一度映画館で暴動が起きたことがあった。五人、十人やっつけるのはかまわない。でも百人は多すぎる。一族郎党だ。舞台に駆け上がり、スクリーンを蹴り、まだターザン贔屓だった連中と乱闘騒ぎで映画館は滅茶滅茶に。

フランケンシュタインには声援を送った。「そうだ、やっつけろ、フランキー！」と叫ぶ。騎兵隊と戦うインディアンを応援した。だって歴史の本はフェアじゃなかったから。騎兵隊が勝てば大勝利、インディアンが勝てば虐殺。僕たちはいつもアメリカ兵を応援した。日本兵とドイツ兵にはブーイング。外ではよく見かける黒人兵がスクリーンに現れないのに気づかなかった。僕が一番好きだった映画は「キングズ・ロー」。その頃十歳だった。鉄道マンの脚を切断したのは老いぼれた医者だと僕は推理した。彼の娘を口説いた若者は、彼女を愛することなく狂わせてしまったから。僕は自分の推理が正しかったことが誇らしかった。それもそうだ。繰り返し、何べんも観てたから。

セントルイスには喜びがあった――ただ生きていたい、と思わせてくれる喜びが。どのように生きなければならないかを教えてくれた苦しみと同じだけ。ミズーリ州の山が連なる中に、キャンプ・リバークリフがあった。僕たちは夜、そこでキャンプファイアを囲んで歌った。ジェシー・ジェームズ[2]が、銀行から奪ったお金を隠したと言われている洞窟にも行った。歯を磨くこと、そして石鹼と水を使うことを教わったのはこのキャンプでだ。僕はそこで夏を二度ほど過ごしたことがある。いずれも二週間。ジェームズ・

2　ジェシー・ジェームズ（一八四七－一八八二）。西部開拓時の無法者。銀行強盗をはじめ、列車強盗、乗合馬車強盗を執拗に繰り返した。南北戦争時に、十六歳にして北軍に対してゲリラ活動を展開したことで、南部では彼を英雄視する人が多くいる。

クック牧師がまとめ役のサマーキャンプ。牧師は、路上でたむろしていた僕らを捕まえ、トラックに詰め込み、空気のキレイなところへ連れて行った。カウンセラー陣は、高校を出て大学に進んだ黒人たち。僕は、彼らが好きだった。よからぬことをすると叩かれたけど、ひどくはぶたなかった。

　でも、その頃の最高の思い出は、ミュニオペラ[3]を観に行ったこと。ブーと僕は、子供用の会場の上の方の無料席に座ろうと、時には歩き、時には走ったりして、半日かけて辿りついた。「カルーセル」、「ショーボート」、「ロベルタ」といったショーを観て、その音楽に酔った。ずっと上の方の席から指揮者に見入った。タキシード姿の指揮者はなんと洗練されていたことか。歌手やダンサーたちからは遠く離れていて、彼らが黒人だったのか、白人だったのか、見分けがつかなかった。休憩時間には下に降りて、お金持ちの連中がタバコを吸ったり、だべったり、笑ったりしているのを見ていた。僕らにとってはそれもショーの一部。毎日のように足を運ぶ夏もあった。そこはまるで教会。家に帰っては、ラジオから流れてくるミュニオペラで聴いたのと同じような音楽に合わせてハミングした。目を閉じるとキッチンは消え、ショーの幕開けがよみがえる――しかも通しで。

　僕は近所でよくいじめられた。一番痩せていて、一番貧しく、パパがいなかった。ユーモアとジョークの力を初めて知ったのは、その頃だった気がする。

「おい、グレゴリー」

「なに？」

「ちょっと来い！　お前の着てるシャツ、こっち来てちゃんと見せな」

「あっ、ハーマン。でも僕、行かなきゃいけないところが……」

「ヨーク、ヤツの着てるシャツ、どう思う?」

「シャツじゃねぇな。ピクニック用のテントだ」

「それ、オヤジのか?」

「て、言うか……」

「こいつにオヤジなんかいねぇ。三人用のシャツよ」

「三人用のシャツ?」

「ヤツとガーランドとプレスリーの。三人で着てるんだよ」

助太刀をしてくれるブーがいない時にいじめが始まると、僕は狂ったようにわめくだけで、すぐに家に走って帰った。そして泣いた。やがて、いつだったか正確に覚えてないけれど、気づいたんだ——どうせ笑われるのなら、ただ笑われるのではなく、一緒に笑える冗談を言えばいいと。そうすれば、からかわれないで味方にできると。だから、一旦家のポーチを出たら、自分を笑い種にすることにした。

「おい、グレゴリー。ちょっとこっちへ来て、ハーマンと俺に聞かせろよ。お前のベッドには何人寝てるか」

「ワンサカいるよ。夜中、オシッコをしに起きる時なんか、シオリを目印にしておかないと、戻った時、もう場所がないもんね」

連中のいじめが始まる前に、素早く先制。矢継ぎ早に冗談を繰り出す。スキを与えなければ、連中も攻

3　セントルイス・ミュニシパル・オペラ劇場(市立)でのショー。劇場は一万一千人収容。上方部の千五百席は先着制で無料。

められない。

「こないだの夜、オイラ、台所のネズミの穴を這って通ったのさ。そしたら、なにを見たと思う？　ネズミのヤツら、ベッド一つに六匹寝てた。オイラと一緒」

そのうち、連中の方から寄って来て、僕のジョークを聞きたがるようになった。僕に気づくと、近づいて来て、道の角に人の輪ができた。

「ウチじゃ、家に入る前、靴についた雪を払わなくてもいいんだ。床が濡れる心配なし。寒すぎてどんな雪も融けないいんだ」

それから全てが変わり始めた。人は、一度一緒に笑うと、嘲笑しなくなる。連中は、僕がなにか面白いことを言うのを期待した。しばらくすると、言いたいことはなんでも言えるようになった。面白いヤツ、との評判が立った。僕は冗談の矛先を彼らに向けるようになった。

「おい、グレゴリー。お前のオヤジ、最近どこにいるんだ？」

「ヤローいなくなってセイセイしてるんだ。おかげで平穏無事よ。お前んちと大違いだぞ、ヨーク」

「なんだと？」

「そうさ、夕べはただで観劇気分よ。ミュニのショーよりよかったぜ。窓を開けて、ベッドに寝ころんだまま、お前のオットウが、オカンをぶん殴るのを聞いてた。あれ、お前のオットウだよな」

そう言って、間髪を容れずに別のヤツに話を振る。

「おい、ハーマン、夕べお巡りが、ワゴン車でお前んとこに行かなかったか？　ウチに来て、お前んとこどこだって訊いてたぞ……」

僕はめっきり腕が上がった。ジョークでは、我がブロックのチャンピオン。もっと大きくなってからは、その界隈のチャンピオン。僕は道の角に立った。手をポケットに突っ込んで、足は下水管の蓋の上、背は道路向き、横にはブー。やがて、いろんなところから、僕に挑戦する連中が現れた。

「リチャード・グレゴリーか？」

「そうだよ」

「俺はジョージ……」

「おめぇ、闇夜のカラスか？　おめぇみてぇに黒いの見たことねぇ。おめぇ小さい頃、オッカさん、バターミルクを飲ませただろう。インク色のオシッコしねぇように」

時には、自分のアホさ加減を笑い種にした。「でよ、新聞配達してて、角を曲ろうとしたら、スッテンコロリンで腕ポキリ。靴のカカトがすり減っててよ。参ったぜ。この俺さまが、ヒールに一本取られるとはね」

でも、自分のことより、家族のジョークをよく飛ばした。ママがどれほど料理下手か。ひょっとしたら世界一の料理下手かもと。「クールエイドを焦がす人っているか？」

それは、取り立てて面白くなかった。そもそも、うちでは食事の時間らしきものはなかった。家にいれば適当に食べたけど。ホットドッグかハムとパン。食べ終えると、また飛び出して行った。暑い時なんかは、木製のアイスボックスを開けるのが怖かった。前日の豆の酸っぱいニオイは強烈で、それを食らうとクラクラした。よその子供たちが、夕食に呼び戻されるのが堪らなかった。遊んでいる最中に、急に呼ばれて、食べに帰らなければならないなんて。僕は、みんなが食べ終わって戻って来るまで、友達の家の裏のポーチで待った。

よその家の裏のポーチで僕一人、食事をしながらあれこれ話しているのを聞いていると、妙な気になる。家族が一家団欒、夕食を囲んで愉快に話している。世界中どこを探しても、これほど楽しく、温かい語らいはない。僕は窓越しに中を覗く。友人のロバートがいる。横にはパパが。やがてパパが立ち上がって、爪楊枝を取って口に刺す。新聞を取って、葉巻タバコに火を点ける。部屋の中をぐるり、ゆっくりと偉そうに歩く——世界の主みたいに。

彼が、ニヤニヤして葉巻タバコをしげしげ見ながら、裏のポーチに出て来たことがあった。見下ろすと、そこにいたのは僕。

「誰だね、君は」

「ミセス・グレゴリーの息子で、リチャードと言います」

「なぜここに?」

「ロバートが食べ終わるのを待ってるんです」

「入って一緒に食べればいいじゃないか」

「お腹空いてないんで。ご親切にどうも」

「入んなさい。入って食べなさい」。彼は僕を引き入れて、テーブルに着かせた。

二日目も入れてくれた。三日目も。その時、僕は神に感謝した——ママが礼儀を教えてくれてたことに。

「イエス、サー」、「ノー、サー」、「イエス、マーム」、「ノー、マーム」、「サンキュー、マーム」。ロバートのパパもママも、僕を歓迎してくれた。おじさんは、本当に僕を気に入ってくれた。僕が、彼の息子であってもよかったのではないかとさえ思う。うん、家族全員、僕を気に入ってくれていた。ロバートの妹は、食事後、飛び上がるように席を立って皿を洗いに行き、僕に水を持って来てくれた。それで、みんなにからかわれた。「マージョリー、どうしてリチャードがいる時だけ、そんなにいい子ぶって皿洗いするんだい？」

そして五日目。ロバートのパパは仕事帰り。電車を降りたところで会ったので、何時頃みんなで食事するのか訊いてみた。お腹が空いているから訊いたわけではなかったのだけど、そう訊いたのは、いつも恥ずかしい思いで、テーブルに座っていたから。僕は、頭のてっぺんから足の先まで汚かったから、その日はキレイにして行きたかった。僕は走って帰り、風呂に入った。テニスシューズを磨いて、屋根の上に置いた――少しでも臭いを消すために。靴下を洗い、シャツにアイロンをかけた。ママが白人の家でもらっていた女物のショートパンツを履いた。それは、僕の持ち物の中で一番キレイなパンツ。キレイなのは、それまで履いたことがなかったから。気に入ってなかったけど、あってよかった。僕はあの食卓に、みんなと同じように、キレイな身なりで座っていたかった。

ロバートの家の前まで行くと、外には誰もいなかった。玄関のドアをノックした。

「ブラウンさん、ロバートいますか？」

「いますけど、今、食事中」

「食事中？」

「すぐ終わるわ。裏のポーチで待っててね」

ロバートのパパの声が聞こえた。「誰だね、今のは？」

「またグレゴリーさんの子」

「リチャードか。入れて、なにか食べさせてあげな」

その夜の食卓には、いつもの楽しさと温かさがなかった。ロバートのママは、些細なことでパパと言い争っていた。食後、僕は片づけを手伝った。皿を一枚落としてしまった。ついてないったらありゃしない。見事に割れた。ロバートのママが僕をそこにいてはいけない存在のように見た時、少し腹が立った。僕が、翌日には新しい食器のセットを持ってくるつもりだと彼女は知らなかった。そう、一揃いで。昼時に十セントストアに行って、一セット丸ごと盗んで、夕食までに持って来てあげるのに。

僕がそれを聞いたのは、裏のポーチでロバートのパパが芝刈り機の歯を研ぐ手伝いをしている時だった。

「ロバート、私、もううんざりよ。あのグレゴリーの子が毎晩一緒に食事するの。もう、『ありがとう』も言わなくなったわ。あの子、お父さんもお母さんもいないの?」

クソっ！ 僕は泣いている。そして、走り出している。

僕は走って、走って、走って、細道の終わりまで走った。曲がって、次の細道を探す。「ありがとうも言わなくなった」。うん、最初の頃は言っていた。でも、みんな、僕をまるで家族のように扱ってくれたじゃないか。そんな気にさせてくれたじゃないか。僕は、家では「ありがとう」と言わない。ブラウンさん、あなたは裏のポーチにいる僕を中に入れてくれた。そして、僕がいるとみんな本当に楽しくしていた。家族の一員、と思わせてくれた。もう一人の息子のように扱ってくれた。ロバートのママは、なぜあんなことを言ったんだろう。「あの子、お父さんもお母さんもいないの?」って。

Ⅳ

成長期には、僕に手を差し伸べてくれた父親のような存在が他にも何人かいた。その内の一人がミスター・コールマン。コートブリリアント中学の校長。僕が十三歳の時の転校先にいた校長だ。七年生の時、僕は校長室に呼ばれた。大きな机の前に立つと、回転椅子にどっしりと身体を預けて座っていた先生は、僕の頭のてっぺんから足の先までジロリと見た。

「君に手伝って欲しいことがあるんだが、いいかね？　パトロールキャプテンとしての君のことなんだが」

「はい、先生。もちろんです」

「実は、リチャード君。学校近くにある横断歩道での君のパトロールぶりについて、何件も苦情を受けていてね。年少の生徒への指導が手荒いと。生徒をきつく押したり、汚い言葉で罵ったり。そこで、私はずっと見ていたんだが、君こそ数いるパトロールキャプテンの中で、一番いい働きをしているじゃないか。どの車もちゃんと停止させて、それでみんなを渡らせる。道に出てまで、トラックを白線の後ろで停まらせる。私は、そんな君からパトロールキャプテンのバッジを取り上げたくない」

「あの、先生……」

「君は何歳だね?」

「十四です」。一学年遅れているのが恥ずかしかった。

みんな言うことを聞く。あの交差点は、誰かが見てないと危険だ。でも、意地悪はダメだ。父親のように振る舞うんだ——子供を多く持つ父親のように。さぁ、行って子供たちの安全を見届けなさい」

三時になった。走って、持ち場に立った。気分はハッピーな交通警察官。背筋を真っすぐにして立った。みんなの視線を浴びて誇らしかったので、それ以上真っすぐにできないほどの姿勢でシャンと立った。僕がいないと、子供たちは道を渡れない。牛乳屋のトラックも、洗濯屋のトラックも停めた。子供たち全員が、歩道を渡り切るのを確認して、通した。ドライバーたちは、車の窓から身を乗り出して僕に手を振った。ハローと言って通り過ぎて行った。立派な人間になった気がした。

僕はコートブリリアント校でずいぶん変わった。セントルイスの学校は全て人種分離方針。コートブリリアントは、もともと白人のために建てられた学校。戦後、その界隈が一変して、黒人の学校になった。樹木が茂り、芝生があって、建物は瀟洒《しょうしゃ》なレンガ造り。僕はノーステーラーに住んでいて、白人の閑静な住宅街を通って登校する。その年、僕は靴磨きをやめた。キレイな格好で学校へ行きたかったから。靴墨だらけの手で登校したくなかった。家に本を持って帰るようになった。家は底冷えで読書できるような状態になかったけど、そばに本を置いておくのはいい気分。僕がコートブリリアント校に通った三年間、休んだのは、寒さから身を守る服がなかった時だけ。

先生たちの雰囲気も、前の学校とは違った。コールマン先生自身が校風になっていたのだと思う。僕に話しかけ、また、話を聞いてくれる。地位のある黒人にも会った。彼らは意地悪でなく、僕をやり込めようとする人たちではなかった。授業では、別に意見がなくても立ち上がって発言した。

「カーター先生！」

「はい、なんですか、リチャード」

「もし二足す二が四なら、それは実際、四から二を二回引いてゼロにしなければならないということで、あるいは、二を二でかけて、それを四から、もしくは二足す二から引いてもゼロになる、ということですよね？」

「えーと。そうだと思うけど、それ、もう一度言ってみてちょうだい。ゆっくり……」

本を読まなかったので、他の生徒が知っていることを知らない。彼らのようには考えられなかった。僕は突如として知りたくなった。長い間、仲間と路上でたむろしていた頃からの経験で、物事には授業で習うこと以外になにかあると感じていた。他の生徒たちが、本で知って疑いを挟まなかった話に水を差した（例えば、ジョージ・ワシントンがポトマック川のほとりから投げた銀貨は、向こう岸まで届いたという逸話。川の対岸まで一ドル硬貨を投げられるヤツがどこにいる？）。自分たちは賢いと鼻をくっている連中のその鼻を挫いてやった（フォート・ノックス[4]の金塊を実際に見たのか？　お前たち、フォートノックスに金塊があるって言うけど、そこへ行ってはっきりと目で確かめたのか？）。

4　ケンタッキー州にある軍用地。連邦金塊保管庫がある。

僕にもその答えの持ち合わせはなかった。それでも、僕はコートブリリアント校では、イッパシの論客になっていた。どんなことについても延々と語れる、という評判が立った。学校が、国連を題材にした劇を主催した時、出演の誘いを受けた。新聞が読めるようになってからは、社説について意見が述べられるようになった。喧嘩を治める仲裁役としても頼られた。喧嘩が始まると、先生は僕を呼ぶもんだから、時々図体のデカいヤツらにつけ回された。ある時、僕の二倍の図体をしたヤツにつかまれ、壁に押しつけられた。顔を壁に埋め込まんばかりの勢いでパンチを繰り出そうとした瞬間、僕は目をぐるぐる回して、ヤツの足元を見て言った。「頼む、早く殺してくれ。さもないと、盗んじゃうぞ、君が履いてるそのカッコいい靴」

そんなことを言うヤツを、誰がボコボコにできよう。

それから、サムナー高校へ進学。そこで、僕は何者でもない生徒に逆戻り。サムナー校には、金持ちの黒人の子供が大勢いた。自分の車を持っている医者の息子が何人も。どの女の子も、ヘリーン・タッカーのように清楚で賢く見えた。アスリートと金持ちと頭脳明晰な連中が大手を振っていた。僕が少し目立ったのは、ポップ・ベケット先生の体育の授業でだけ。ポップは、マサチューセッツ州スプリングフィールドカレッジ出身の、最初の黒人卒業生の一人。その大学は、おそらく全米一の体育大学。ポップは厳しかった。金持ちであろうが貧乏であろうが、みんな一度はポップのビンタを喰らった。僕はしくじって、何度か叩かれた。理由があって叩かれるのは、気にかけてくれていると思えるので気分がいい。僕は、彼のビンタを求めるようにさえなった。体育の授業の際、ポップは、体育館の入口近くにあった壇の上に立った。表情は石のよう。胸の筋肉が隆隆としていて、Tシャツははちきれんばかり。僕は口をとがらせて、唇がキュッと鳴るまで頬を吸う。

「誰だ、今のは！」とポップが怒鳴る。

「僕です」

バチン！

僕は大声で言ったことがある。「ポップ、あんた臭いよ」

「グレゴリー、お前か？」

「はい、僕です」

「来い！　ここへ！」

バチン！

ポップに向かって大声でため口をきいては、平気で叩かれていたので、僕は体育の授業でみんなから一目置かれるようになった。ポップは一度も「出て行け！」とは言わなかった。僕がなぜ悪態をつくのか分かっていたようだ。

六月。夏休みに入ると、ブーと僕とプレスリーは公共の土木事業の仕事に就いた。堤防での洪水対策。三人とも十八歳と嘘をついてありついた仕事。時給一ドル十五セント。キレイな服が買える。秋にはそれを着て学校へ戻ろうと思った。

その夏は、延々と続く最悪の映画を観るようだった。仕事はミシシッピ川の沿岸に土嚢を積み上げること。死ぬほど暑かった。ブーツの底が融けてベトベトした。シャツはまるで背中に皮膚がもう一枚張りついたよう。それはいつも濡れていて、泥だらけ。脱げば日射病で死ぬ。多くの人が死んでいくのを見た。

昼夜を問わず働く。蚊よけのためにタバコをふかす。倒れたところで寝る。食事は、赤十字のトラックがサンドイッチとコーヒーを運んで来る時。強い日差しの中で気が狂い、誰かの頭をスコップでぶち割るヤツが現れはしないかと、仲間の一人が必ず背後で見張っていた。一袋百ポンドの土嚢を積み上げる。一週間、尿には血が混じっていた。そんなある日、堤防が揺れ始めた。茶色の土嚢が黒ずんだ。水だ！　黒人の陸軍軍曹が僕の腕をつかんだ。

「あそこのトラック、俺のだ。堤防が決壊したら白人は乗せねぇ。よく聞け。お前はあのトラックの近くにいろ。で、飛び乗れ」

突然、誰かが叫んだ。「決壊だ！　堤防が決壊だ！」水が溢れ出し、土嚢が崩れ、人が人の上に転がった。ブーと僕とプレスリーは泥水の中を走った。転ぶまで走った。その繰り返し。転んで、また起き上がった。疲れ果て、倒れたまま動けないこともあった。でも、地面が濡れ出すと、また走った。もう横たわるところはない。食べるものもない。三人の白人がいた。岩の上に立って、チーズサンドを食べていた。僕たちは、せめてそこまで移動したかったけど、登らせてくれなかった。一人がサンドイッチを半分投げ捨てた。ブーはそれをつかみ、割くようにして三つに分けた。食べようとしたその時、もう一人の男が、ブーの腹をひっつかんで投げ飛ばした。僕たちはまた走った。その晩、離ればなれになってしまい、僕たちが再会したのは数週間後。水が引いて、みんな家に帰されてのことだった。

帰ると、僕たちはヒーローになっていた。ママは大喜び。トラックに乗り込んだ黒人が全員おぼれ死んだとの新聞記事を読んでいた。ブーとプレスリーと僕は、肩で風を切るように近所を闊歩した。どれほどひどかったのか、何人助けたのか、僕たちの話をポーチに座って聞きたいと、スライスしたスイカを買ってくれる人までいた。僕たちは口から出まかせ、大ぼらを吹いた。痛快だった。

その夏の給料をもらうのに、たいそう手間がかかった。プレスリーと連邦ビルへ行くと、七面鳥の首のように顎の下に肉をぶらぶらさせた白人が、また明日来るように、と繰り返した。結局、ママが一緒に行ってくれて解決。数週間後、二人で五百ドル近くもらった。生まれて初めて、プレスリーと一緒にダウンタウンの大きなデパートへ。

そこで、犬並みの扱いを受けた。売り場へ行けば、白人の用向きを聞いていた店員が、そのお客を離れて駆け寄ってくる。

「なにが欲しいんだね、君たちは？」

「帽子です」

「なに色？」

「茶色」

「頭のサイズは？」

「分かりません」

「じゃ、ダメだ」

「かぶってみる」

「冗談じゃねぇ」

デパートのどこへ行っても、その探偵みたいなヤツが後をつけてきた。試着はおろか、なにかを触ることさえできなかった。でもヘンだよな。店員は、レジの中に僕たちが払ったお金を白人のお金と隣り合わせに置いた。家に帰ると、みんなが見られるように、買ったものを床の上に広げた。世界広しといえども、我が家の床ほどに、シャツやら靴下やら下着やらが広がっていた床はなかっただろう。

僕はその年、気分よく高校に戻った。新しい服を着て、外見だけでも清潔な感じ。陸上部の連中は、練習後いつもシャワーを浴びると知って、入部できるか監督に訊いた。サムナー校は州一番の陸上チームを誇り、ラマー・スミスという素晴らしい監督がいた。

「前に走ったことは?」

「もちろんあります。僕、よく走ります」

「どこを?」

「近所を、ぐるっと」

監督は首を振った。「今年のロッカーとユニフォームは、もう割り当て済みだ」

「午後、シャワーに入れさえすればいいです」

監督は、僕を点検するように見て微笑んだ。「よし。でも、運動着は持参だぞ。トラックには入るな。で、チームの邪魔にならないようにな」

僕がスポーツを始めたのは、それがきっかけ。サムナー校には立派な運動場があった。トラックチームが場内を走っている間、僕は外で走った。学校の周りのブロックを回った。

毎日、三時の放課後になると、古いスニーカーを履いて、これまた古いTシャツとジム用の短パンに着替えて、ブロック内を走った。始めのうちは、一時間で切り上げて、熱いシャワーを浴びに戻った。ある日、二人の女子生徒が通りかかった。一人が言った。「なんのつもりなの、彼」。もう一人が言った。「きっと大きな大会の準備をしてるのよ」。その日、僕は走り続けた。ブロックの周りをぐるぐる、走りに走った。歩道に足をつくたび痛みが走って、脇腹に針が刺さった。痛みが痺れに変わって、無感覚になるまで走った。そして、急にあたりが暗くなった。もうトラックチームの連中はいない。足が痛く、家に帰るにも、まともに歩けなかったのに、まだ走り足りなく、翌日になるのが待ちきれなかった。トラックチームの連中ほど速くは走れなかったけれど、距離は走れた。セントルイス市の誰よりも長く走れた。やがて、みんなが僕を知るようになった。

その秋、僕は走ってばかりいた。冬も走った。時には雪の中を走り、ついには学校で評判になった。三時から六時まで、休みなしに走り続ける男。走ってなかったら、高校を卒業してなかったと思う。走ることで、毎日を生きられた。走るから、朝、起きられた。授業にも出た。先生の質問にはちゃんと答えられて、よく本を読むヘレーン・タッカーたちや医者の息子たちとも机を並べられた。三時になれば、またいつもより少し速く、より遠くまで走れる自分に期待していた。走っている時の気分は爽快。自分一人の部屋にいる気がした。走っている間、好きなことを思い浮かべ、自分に語りかけた。時には物語を創っていた。「僕の大好きなパパ」、「百万ドル持っていたら」。人間の行動パターンやさまざまな現象についていろいろ思いを巡らせて、自分なりの答えを出した。走っている僕を指さして、貧乏だとか、気が狂っているなどと言う人はいなかった。「トレーニングしてる！」と称賛の言葉をかけてくれる。家で朝ご飯を食べることはなかったし、お金がなく、いつもお昼にありつけるわけでもなかったけど、走っている間は、お腹が空かなかった。暑さ、寒さも平気だった。着ているものを恥じることもなかった。休まず、ぐるぐると走り続けられる自分の肉体を誇りに思った。

六時過ぎにホワイトさんのイートショップへ行って、夕食を食べさせてもらう代わりにお皿を洗った。時には、街の白人のホテルに潜り込み、給仕のユニフォームを着て、おいしい食事にありついた。「支配人」は、気がつかなかった。「ニガーはどいつも同じ顔つきだ」。そして、家に帰って寝る。疲れ切っていた。休息、安眠が必要。また明日も走るから。

春になったある日、監督に呼ばれ、トラックで走らないかと言われた。僕はチームの連中と走ったが、まだ彼らには追いつけなかった。でも、距離では僕の方が上。彼らが走れなくなっても、僕はまだ走り続けた。監督はたまに腕の位置や体の角度、そして膝をもっと上げるようにと、助言してくれる。でも、僕はもう部員同然。日に日に上達した。学期が終わる六月には、チームの連中を抜くまでになっていた。監督は、九月になったら、真っ先に陸上部の部室に来るようにと言ってくれた。ロッカーとユニフォームがあるからと。

僕が経験した中で一番きつい夏のことだった。朝鮮戦争が始まっていて、弾薬工場でいい仕事にありついた。僕は四歳サバを読んで、二十一歳と伝え、一〇五ミリの榴弾砲を作る工場で働いた。未完成の砲弾は、一個四十五ポンド。二十五分毎に、二四三個拾い上げるのが僕の仕事。僕はいつも胃の具合が悪く、ベルトが締められなかった。かがんで砲弾を持ち上げるたび、胃の中のなにかが破れた。でも残業をして、二百ドル稼ぐ週もあった。僕の本当の歳がバレてしまい、同僚から恨みを買った。バールを持って、そっと僕の後ろに立ち、それでベルトコンベヤーの上の砲弾の薬莢を次々と押して、僕がさばき切れなくなるように早く流す連中がいた。家に着いた時は疲労困憊だったけれど、ランニングの練習をしに出た。それは努力を要してキツかった。

そのうち、夜勤に回された。夜の十一時から朝の七時まで。班長は言った。「これで夜道が少し安全になる。うろうろ走り回るニガーが一人減るからな」。ということで、ランニングは仕事を終えてから。朝、白人たちがちょうど職場に向かう頃に。ちょっといい気分だった。でも、夕方にブーや他の友達に会えなくなって寂しくもあった。

班長はもう一人のボスに、僕をカマド担当に回すよう言った。「ニガーは熱に強い」と言って。クッソウ！この「体制」に負けてなるものか！　僕は溶鉱炉の前に立つ。なんともエグい塩の錠剤をかじって失神するのを防いだ。やめさせられてなるものか！　解雇になる理由を何一つ作らないようにした。熱が顔を刺すほどまでに、燃え盛る炎に向かって身をかがめた。昼の笛が鳴ると僕は床に倒れ込み、三十分は血を吐き続ける。始末は自分でした。

労に報いはあった。週の終わりには勇んで家に帰り、ママの手のひらにお金を載せた。あのグリーンの通い帳でなく、現金で買い物ができる。ベンさんの店にではなく、スーパーに行けた。キャッシャーのところに立って、レジ台がチーンと鳴るたび、心臓が飛び出る思いをしていたけど、慣れてそれもなくなった。ママは滞っていた支払いの内のいくつかは精算できた。中古の家具と服も買って、白人の家に毎日行かなくてもよくなった。少しだけど、家にお金があった。でも、生活保護は受け続けた。一度受給をやめると、またもらうのは一苦労だったから。

学校が始まってもその仕事を続けた。バンドのメンバーは、普通の授業が始まる一時間前、朝八時から、音楽の特別授業を受けていた。僕はバンドマスターのウィルソン先生に、見学させてもらえるか訊いてみた。許可してもらえれば、工場から学校へ直行する。一日の授業が終われば、早めにランニングの練習ができて、十一時から始まる仕事の前に少し眠れる。見学させてもらう代わり、バンドの部屋を毎日掃除して、部員の楽譜スタンドをセットする。決して部員の邪魔はしない。僕は、壁側に座って彼らが演奏するのを見ているのが好きだった。みんな一緒にいい演奏をしようと一生懸命。そして、指揮棒を振るバンドマスターの、いつ誰が演奏に加わり、いつ止めるかを指示する姿のなんと凛々しかったことか。僕はドラマーに注目し始めた。彼が一番楽しそうに演奏していた。座ったまま、あの大きなケトルドラムを叩く様子がカッコよかった。彼がドラムを叩くと、誰の耳にもその音は響いた。ドラムは彼一人。その彼がペースを刻んでいた。僕は、彼の演奏に合わせて膝を叩いていた。時々、みんなより早めに到着して、何フレーズか練習した。家でラジオを聞いている時なんかは、フォークをスティックにして、ママの深鍋を叩いた。

放課後はフェンスの中のトラックに。それもユニフォーム姿で。新任のワレン・セントジェームズ監督が、長く、つきっきりで指導してくれた。スタートの切り方、ペース配分、いつ最後のダッシュをかけるか。必死に習ったから、ぐんぐん上達した。大会シーズンに入ると、二種目に出場した。一マイルとハーフマイルのレース。結果は三着と二着で、悪くなかった。小さな大会で優勝することもあった。でも、僕はいつも疲れていた。時には、眠れないほどに。工場で働かなければならないのに。

ある晩、ママがベッドルームに入って来た。八時頃だった。僕はベッドにいたけど、起き上がっていて、前の週のレースを振り返っていた。ミスったところ、最後のところで力を出し切れなかったこと、なぜ追い込みで膝をもっと高く上げられなかったか。

「眠れないの、リチャード？」

「うん」

「あんなスポーツやめればいいのに」。ママは、ベッドに腰を下ろしてそう言った。座る時、いつも溜息をつくようになっていた。「ママは、あなたが心配。胃の具合は悪いし、なんだかいつも上の空で」

「ママ？」

「なに？」

「ママが、僕をあのお婆さんのところへ連れてった時のこと覚えてる？　僕はまだすごく小さかった。で、お婆さんは、僕がいつか立派になるって言った」

ママは、僕の頭を膝に抱えて揺りかごのようにゆらゆらさせた。

「お婆さんは、お前のオデコの真ん中の星を見たのよ。それでママは知ったの。ええ、疑わなかったわ。あなたはいつか立派になるって」

「ママ、僕、立派なランナーになる。監督はなれるって言った。ママ？」

「なに？」

「僕、仕事やめたいんだ」

ママは僕を抱いて赤ん坊のように揺すった。きっと、あのタバコのロゴのついた緑色の通い帳や、六時に起きて、寒さしのぎに靴に布袋をかぶせることを思ったのだろう。ママは言った。

「いいわよ、リチャード。あなたは特別な子。大丈夫よ、みんなのことは心配しなくて」

その夜が仕事納めになった。翌朝、バンドの部室に行くと、バンドマスターが怒った顔で窓の外をにらんでいた。コンサートを次の週に控え、ドラマーが入院してしまった。

「グレゴリー、お前楽譜読めるか?」

「いいえ、読めません」

「お前、ドラムを叩いてたな。知ってるぞ。さぁ、やってみよう。私がお前に向かって頭をコクリとしたら、いいか、こうやって叩くんだ。分かるか。それで、こうしたら……」

ドラマーは干される羽目に。コンサートは無事終了。その次のコンサートも。そしてフットボールシーズン開幕。僕はマーチングバンドで、大きなベースドラムを叩いていた。

人生が目の前で開き始めた。学校の誰もが僕を知っていた。運動部の連中。音楽部の連中。そして、彼らにまとわりつく女子生徒も。僕は女の子とのつき合いはなかった。お金がなかったし、シャイだった。角のドラッグストアの外やパーティーでの軽い話はできた。でも、デートに誘うという大きな一歩は踏み出せなかった。言葉に詰まった。

それでも問題なし。ウェストヴァージニア、イリノイ、カンザスへとバンドの遠征が相次いだ。ベートーヴェン、バッハ、モーツァルトを演奏した。聞いたこともない作曲家の曲も。一度、たった一度だけ、ママを学校でのコンサートに招いた。講堂のステージから、ママが入ってくるのを見て、恥ずかしく、胸が悪くなった。古い、みすぼらしいコートをまとい、むくんだ足は、色つけした靴の端から今にも零れ落ちそう。コートの下には、金持ちの白人にもらったドレス。つけすぎの口紅。そして安物の香水。案内係は、ママにバルコニー席へ行くように言った。立ち上がって、ケトルドラムを、正面にいた医者や上流社会の人や白い肌をしたスノッブの顔面めがけて投げつけてやりたい衝動にかられた。でも、投げなかった。僕はただ胸をなでおろしていた。ママが多くの人からは見えないバルコニー席に座ったから。

ママにトラックレースの大会に来て欲しくなかった。トラックは僕のもの。僕だけのもの。僕にはあだ名がついていた。「フラッグポール・グレゴリー」、「鉄人グレゴリー」。一日中走っていられた。カッコよく走った。アーガイルの靴下を履き、頭にハンカチを巻いて走った。スタンドプレーも用意してた。それは、ホームストレッチにかかると、旗を見上げて軽く敬礼すること。最後のダッシュで、らくらく勝利。みんな、僕が愛国的で、旗のおかげでパワーアップしていると思った。セントルイスで大きな、もう一つの黒人学校、ヴァションと校との試合では、僕が負けるように星条旗を下ろした生徒もいた。これは後で知ったことだったけど。

試合は大抵土曜日で、金曜の晩は、十時か十一時頃まで外にいた。ベンさんと話したり、ブーと散歩したり、駄菓子屋や玉突き場で友達に会っていた。連中は、どこそこのギャングと喧嘩するとか、どこそこの女とヤルとか。ワインを持ってくるヤツもいた。僕はトレーニング中で、つき合えないと言った。そんなことより、もっと大事なことがあるから、とは言わなかった。そして、十一時頃、すぐにでも寝入ってしまうほど疲れて家に帰った。

土曜の朝、僕はニタニタ笑いながら早起きした。そして、家の中を行ったり来たり。あちこちで剝げているリノリウム床が目につく。流しの中のまだ洗っていない食器やベッドの下のボロボロの靴も。僕はガーランドの腕を叩き、ロナルドをくすぐる。妹たちをちょいとつねって、ママにはハグ。「大丈夫だよ、ママ。心配いらないよ、僕たち」。家を出る際、大きく一歩を踏み出す。ポーチの階段をひとっ飛びすると別世界。

朝の早いうちに、ユニフォームを入れたバッグを振りながら、競技場に歩いて行った。歩を進めるごとに、緊張が増してハラハラ、ドキドキ。首のあたりの短い毛が逆立った。競技場に着くと、守衛に手を振る。競技者のパスを見せなくても、ゲートを開けて入れてくれる。「幸運を祈るよ、グレグ。君に運など必要ないだろうけどね」。守衛はそう言ってウインクする。僕もウインクで返す。

日が高くなったとはいえ、セーターを着ていてもまだ寒い。脇の下、肩甲骨の間、膝にかいた汗が冷たい。「おーい、グレグ！　おーい！」。僕は決してどこも見ない。一人、静かに正面席の方へ上って行く。一般の観客同様、木のベンチに座る。砲丸投げや高跳びの決勝までが先だ。僕はそれを観ながら待つ。陸上競技大会の観客の一人にすぎない。

スピーカーから甲高く、途切れた声が響く。「一マイルレースに出場の選手は、審判員テーブルに集まって下さい。一マイルレースに出場の……」

僕はゆっくり立ち上がる。僕を支配しようとするなにかを感じる。モンスターを感じる。まずつま先で感じる。冷たい体の中を流れる熱湯のようにどんどん上がってくる。階段を下りるまでには、既に心に火が点いている。観客席の下にあるロッカールームで素早く着替える。派手なアーガイルの靴下を履く。頭にハンカチを巻く。競技場に出た時は、もう、世界だって制覇できる気になっている。

「そこだったのか、グレゴリー。探したぞ。どこにいたんだ？」

「準備完了です、監督」

監督は頭のてっぺんから足の先まで僕を見る。「困るよ、そうでないと。で、ちょっといいかい？　あのヴァションー校の背の高いヤツ。速いぞ。気をつけなればならないのは、彼の……」

「どうでもいいですよ、彼のことは。なんだったら、彼に言ってやって下さい。僕がどれだけ速いか」

僕は他の選手と一緒にスタートラインに立つ。ほんの一瞬、怖くなる。そして自分に言い聞かせる。「僕は百十八ポンドの生身の体でここに立つ。トレーニングはした。毎晩寝た。ちゃんとルールを守っている。さぁ……」

バーン！

最初のクオーターは後ろにつこう。やがてスピードが落ちるペースメーカーたちについて行くことはない。あの集団の中ではぶつかったり、肘鉄を喰らったりするだけ。焦るな、グレグ。いいぞ、その調子だ。中盤に入ってペースが落ちるヤツがいる。走りを知らないヤツ。タバコを吸うヤツ。力量のないヤツ。よし、ヤツらはこの第三クオーターで抜いてやる。カーブで一人。あっ、あの遅れ始めたヤツも。直線に入ったら、みんな捉えてやる。一人一人、ごぼう抜きだ。遊びにでもついて来させるな。ただ抜き去ればいい。警察から逃れるため、ブーと一緒に飛ぶように走った頃のように走れ——逃げろ！　あの狂暴な犬だ！　また、アレを感じる。あのモンスターを。走って、走って、走りまくる。先にはあと二人。ヤツらは、もうイッパイイッパイだ。旗が高くたなびいている。敬礼だ。それがお前のトレードマーク。どこかで監督の声がする。「大したもんだ！　見ろ、あのグレゴリーを！　機械だね、まるで」。膝が高く上がる。高く、高く。もっと速くなる。長距離バスが電信柱を通り過ぎて行くように、前の二人を追い抜く。テープが胸ではじける。ゆっくりと減速する。ゆっくりと頭を垂れる。僕の中のアレがゆっくりと抜け出ていく。モンスターが抜け出ていく。そして、僕はそこに、一人。リチャード・グレゴリーただ一人。ディックではない。フラッグポール・グレゴリーでもない。鉄人でもない。ただのリチャード。僕は崩れるように両膝をつく。顔が地面を打つ。草の匂いがする。いい匂いだ。胃がさく裂する。「監督……これが……これが

「さぁ、立つんだ、グレゴリー。みんなリレーの準備に入ったぞ」

……最後のレースです……もう……走れません」

僕は立ち上がり、また出番を待つ。同じことの繰り返し。熱湯が染みわたってきて、モンスターがスルリと体内に戻る。チームの第三走者がカーブを曲がる。僕が言った通りにスピードを落とす。僕は走り始める。バトンが手に当たると体に電気が流れる。僕は頭を低くして走る。他の走者は全員、僕の前を走っているから、電気が流れっぱなし。連中はペース配分をして走るが、僕はなんとしてでも追いつかなければならない。膝がまた高く上がり始める。高く、高く。フラッグポールより高く。僕は膝に敬礼する。そしてテープを切る。草の上に倒れる。今度はもう夢の中。僕はニューヨーク、五番街をパレードするオープンカーの後部座席に座っている。紙吹雪がクリスマスの雪のように舞う。みんなが祝福してくれている。世界のみんなが——首をうなだれているビッグプレズ以外は。みんなが僕の名を叫んでいるのを聞かずに僕は競技場の中で眠っている。

僕は時折、叫びながら目を覚ます。脚がつって曲がったまま。ママが来て横に座る。両脚を優しくなでてくれる。そしてこう言う。「こんなになるまでやるなんて。狂ってるとしか言えないね。ねぇ、リチャード、一体お前の中のなにがそうさせるんだろうね。ママは怖い。お前が心配で、心配で……」

V

学校は行くだけでわくわくした。男子も女子も僕の脇につこうと微妙に押し合いながら後をついて来る。「グレグ！　どう、調子は？　今度の土曜日のレースもいただきだね！」なんて言いたくて。僕は控えめに微笑んで手を振る。自らを笑い種にする冗談も言った。それだけでよかった。誰にも感じよく振る舞って、誰も失望させない。みんなそれで大満足。で、僕は「有名人」。ベンさんの店へ行くと、彼は仕事の手を止めてなにかしら訊いてくる——店にいるみんなに、僕と親しいことを自慢するかのように。「日曜日にトラックの下見に行く」。そう言うと、それを聞いた子供たちが競技場で待っていた。以前、あたりをうろついていた時、「なにをしてるんだ！」と僕を咎めるように訊いていたお巡りでさえ、「元気にしてるか？」と声をかけてきた。感心しなかったのはママだけ。他に五人の子供がいて、僕を図に乗らせたくなかったから。練習を終え、家に帰ってママに、「トレーニングには、それなりの食べ物が必要だって監督が言ってた」と言うと、「それなら監督の家に寄ってもらってらっしゃい」とそっけなかった。

「分かってないな、ママ。僕は、グレゴリーの名を高めたいんだ。我がグレゴリー家の名を地図に載せるんだ」

「お前をこの世に生んだのはこの私。で、この世は地図ができる前からあるんですよ」

僕は一度だけ、ママを大会に呼んだ。ママは断った。僕がみすぼらしい恰好で来て欲しくなかったこと、むくんだ足を人目にさらして欲しくないと思っていたこと、ママは分かってたんだ。「グラディエーター！フラッグポール・グレゴリー！」と叫ぶ医者の息子やヘリーン・タッカーたちのそばに来て欲しくなかったことを。あの連中がなにを思っているか、聞こえてくるようだった。「あら、走るおバカさん。あんたがライオンを退治して象を踏み潰したら、ウチに呼んであげる。で、みんなでお茶を飲みながら、今日の大勝利について聞かせてちょうだい。でも、あまり近くに寄らないでね」

僕はそんなことを言いそうな女の子を、初めてのプロム――学校主催の三年生のためのダンスパーティー――に誘った。

近所の人たちは、僕をそのパーティーに送り込む準備に大わらわ。背広を担保にタキシードが借りられると誰かが言ったが、背広がなく、そのアイデアはボツ。しかし、どこでどうしたのか、ママがタキシードのズボンと白いジャケットを調達してきた。ママの奉公先の白人からは、僕がパートナーにあげる花が届いた。花を持っていくのが決まりとは知らなかった。ママは仕事を半日休んで、わめきちらしながらタキシードを着せた。「じっとしてなさい！」と言いながら襟にシンを入れた。僕は王様気分。タキシードを着る間、きょうだいたちは周りで興味津々。飾りボタンが落ちて転がると、這って取りに行った。僕見たさにやって来る近所の人たちにドアを開けた。うーん、僕のタキシード姿、イカしてた。ズボンの裾が少し長いことなど気にならなかった。靴もタキシード用ではなく、ネクタイの色もちぐはぐだったけれど、それでも正装。完璧。そう信じた。

ママは、レクターさんと、シモンズさんと、イレーヌ叔母さんのところへ一時間ほどかけて行ってくるようにと言った。そして近所中ぐるりと回って来るようにと。ベンさんは店のドアを閉め、窓のブラインドを下げて、彼の初めてのプロムの話をしてくれた。ベンさんがプロムに行ったとは夢にも思わなかった。そして僕に二ドルくれた。ママは五ドル。それは、家で待つみんなに中華料理を持ち帰るため。大判振舞いで帰ったら家族揃って豪華なパーティー。

プロムは楽しくなかった。まずは、彼女を迎えに行くタクシーが拾えるか心配だった。そのせいか、もう少しで乗車拒否に遭うところだった。彼女の家に着くと、両親は僕を見るや否や、ヒソヒソ耳打ちした。会場となっていた体育館に着いてからの彼女は、他の女の子たちと何度も化粧室へ行ったり、医者の息子とコソコソ話したり。彼女は、ブルーズやガットバケットやファンキーな曲は踊らない。彼女の取り巻きは、甘いバラードになるとフロアに繰り出した。話すことといえばヴァカンス、車、服のこと。しばらくは我慢をしたが、業を煮やして、体育館の端の方にいたトラックチームの連中のところへ行った。そこで、今まで僕がヤッた何人もの女のことや、どれくらいウイスキーが飲めるか、ナイフで切りつけてやっつけたヤツらの話をした。前の週、ある女と深い関係になった。その女は、僕が欲しくてたまらなく、シテあげないと自殺するとわめいている。亭主に見つかりそうになり、間一髪、素早くパンティーを後ろポケットに押し込んで裏の窓から脱出。そうやって僕は、靴磨きをしていた頃に、酒場で耳にした話をしていた。

プロムが終わると、冷たい恐怖が会場を包んだ。僕と口をきこうとしなかった連中、僕と踊ろうとしなかった女の子たちが急に寄って来て、会場を一緒に出たがっている。外に出たらその理由が分かった。凶暴な形相をしたヤカラが何百人も、ずっと遠くまで連なって待ち構えていた。プロムに来られなかった連中だ。誘う相手がいなかった負け組。セットした髪が長すぎるヤツら。ズボンを下げすぎている連中。僕たちが階段を下り始めると、ヤカラの一人が、医者の息子の帽子を叩き落とした。それを拾い上げようとしゃがんだら、顔面に蹴りが入った。乱闘開始。僕は、一緒に出た小さな集団を中に連れ戻した。

窓から様子が見えた。ピンクとブルーのフォーマルなガウン、さび色のズートスーツ、黒と白のタキシード、グリーシー・ジャケットが入り乱れ、深鍋の中で豆と豚の背脂がぐつぐつと煮えたぎっているようだった。「体制」が報いを受けていた。地面を転がる女の子たち。ガウンの裾は頭の上まで上がっている。裾から襟にかけて切られたタキシードをたなびかせて逃げて行く男の滑稽だったこと。外は不良連中の独壇場。街の不良が、会場から出て来る男たちに殴りかかる。地元の不良は、そのお楽しみのおこぼれにあやかっていた。おこぼれにありつけない連中は、時たま、女の子の服を剝ぎ取ったりしていたけれど、もっぱら「もっとやれっ！」と焚きつけていただけ。黄色のガウンを足元に、下着だけで立っている女の子がいた。連れの男は、靴を片方むしり取られ、ぴょんぴょん跳ねて逃げて行く。警察は自己防衛に精一杯。不良どもに真剣に立ち向かっていたのはタクシードライバーたち。客をなくして怒っていた。

僕がその光景を見ている間に、フットボールチームの選手たちは、自分らが誘った女の子たちと会場を出た。彼らは、以前から不良連中と泥まみれになって試合をしているので顔なじみ。妨害されずに真っすぐ進んだ。続いて、僕も一緒にいた仲間を引き連れて出た。図体が一番大きく、街の不良のボスだった男が、馬乗りになって誰かの頭を殴っていた。そのボスが僕を見上げた。

「リチャード・グレゴリー！　フラッグポール・グレゴリーじゃねぇか！　おい、お前、なかなかいいぞ！」

彼はそう言って僕の目を覗き込み、後ろにいた仲間の方へ目をやった。「グレゴリー、お前とお連れ様は行っていい。他はダメだ」

ボスがしゃべっている間、不良軍団は狼藉を中断して僕を見ていた。ボスはこう言った。「おい、グレゴリー、お前は俺らと同じじゃねぇか。俺ら、お前を誇りに思ってる。だけど、お前、一緒にいるヤツらを通そうと思っちゃいけねぇ。だって、お前は本来、俺らと一緒にヤツらをやっつけてなければならねぇんだから」

一緒にいた男も女も我先に逃げ出した。不良連中と彼らに仕える下っ端どもの間を、僕と彼女は王様と王女のように進む。散らばるレンガとざわめきの中を。パトカーの後部座席の窓から頭を出しているゲットーの不良の脇を通り過ぎる。まだ手をつけていなかったタキシード姿の男たちに向かって、手錠のかかった両手を激しく振りながら、「来年はズタズタにしてやるからな！　覚えとけ！　この……」と叫んでいた。

僕たちは、仲間の何人かとタクシーに乗ってセントルイスにある黒人レストランに向かった。噂には聞いていたデ・ラックス。シュリンプの一皿が二ドル強。その前のタクシー代と合わせて、残りはママがくれた五ドル。彼女の友達の何人かが、既に一つのテーブルを囲んでいた。僕たちを見て、招き入れた――嫌そうに、ゆっくり椅子を引いて。

顔面を蹴られた医者の息子が僕を見て言った。「大丈夫だったみてぇだな、お前」

「何発がパンチを喰らったけど、ラッキーだった」。僕はそう言ったが、彼は分かっていた。

それで始まった。僕から一番遠いところで。

「テーブルに虫がいる。見えるだろ？」

僕は虫を探した。

「でかい虫か?」ともう一方の端にいた誰かが訊いた。

「分かってるだろ、そのくらい」と言い出しっぺ。

「どうやってでかいって分かるんだい?」

「ニオイで」

しばらくして、僕のことを言っていると分かった。僕はメニューを手にして目の前にかざした。開くと、この世で一番恐ろしい顔が睨み返しているようだった。一番安い品が一ドル二十五セントのフライドチキン。

「私、シュリンプにするわ」と彼女。

僕はシュリンプなるものを見たことがない。怖くなった。ポケットの五ドルのことを思った。その内の何ドルかは、きょうだいたちの夕食代。それに手をつける他なかった。僕はチキンをオーダー。チキンとパイアラモードを食べて、ペプシコーラを飲んだけど、味わうどころじゃなかった。

「虫は入れないはずだけどなぁ、ここは」

「ネクタイをしてれば入れるんじゃないか?」

「虫のヤツ、喧嘩の真っただ中をうまく這い出したなぁ」

「よくぞペシャンコに踏みつけられなかったもんだ」

「虫は虫を踏みつけないよ」

その夜の締めの一言は僕がしなければいけないと思った。ウエートレスが全員の勘定書きを持って来た時、彼女を見上げて言った。「僕が払います」。テーブルは静まり返った。

「ウエートレスさん、ありがとう。素晴らしいサービスでした。僕は白人のホテルなどで働いて、いろんなレストランを知ってますが、ここが最高です」

ウエートレスは口をとがらせ、手を腰に当てて言った。「無駄口叩くんじゃないわよ、売女のセガレが！　さっさと払いな、十二ドル五十セント。早く帰りたいんだから」

そうきたらこっちのもの。「このアマ！　よくも口汚く俺を……！　それもダチの前でよっ！　レディーのいる前でよっ！」。言ってやった——子供の頃から溜まっていた全てを吐いた。路上でたむろして覚え、酒場やビッグプレズから聞いた罵りの言葉がほとばしる。ウエートレスの顎は落ち、唖然としてあんぐりと口を開いている。テーブルにいたみんなはその場を去ろうと立ち上がった。誘った女の子は泣きだして、帰りたいと言う。一ドル渡して、タクシーで帰るように言った。

ウエートレスは震えていた。「払いなさいよ、マザーファッカー」

僕はつぶやくように言った。「お金ないんです」

ウエートレスは叫んだ。「金がない?!」

みんな、レストランを出るところだったけれど、彼女の金切り声を聞いた。

「ごめんなさい。時間稼ぎにいろいろわめきました。ここに四ドルあります。これはあなたに。あなたの分です。また明日来ます、食事代を持って。持って来れなかったら皿洗いします。明日、必ず」

ウエートレスは僕を見据えた。事情を察したようだった。

「分かったわ。信じてあげるわ」

表に出ると、帰ったと思った彼女が一人佇んで泣いている。家まで送った。玄関のドアの前まで行くと、彼女は向き直って僕に寄りかかって来た。「ありがとう。今日は楽しかったわ」。「お休み」のキスをしたいようだ。信じられなかった。僕のファーストキス。

家に着いたのは朝の四時頃。みんなが、ポーチに座って待っていた。僕は一瞬、のけ反るような仕草をして、笑顔で手を振った。座ってから、その日のことを一部始終話した——本来、素晴らしいはずのプロムのことを。

みんなを泣かせてしまった。ピンクや黄色のドレスを着た女の子たちが、天使のコーラスのような甘い音楽に合わせて、雲のように舞っていたと言ったら、どの頬にも涙が伝った。黒のタキシードと白のシャツに身を包んだ若者たちは、力強く男らしかった。デ・ラックスのテーブルクロスは雪のように白く、シュリンプは拳ほど大きかった。しかも、まわりについている衣をシュリンプの一部だとみんな思い込んでいた。ウエートレスは微笑みながらお辞儀して、タクシーの運転手たちは列をなして迎えに来た。僕たちは街路を闊歩した——王や女王のように。上流社会そのもの。僕は医者の息子と意気投合して、来週は彼の家に行くことになった。ハンカチについた口紅を見せては、彼女がどれほど愛してくれているか、僕をどれほど品の良い素晴らしい人物と思ってくれているか話した。みんな、ポーチに座ったまま泣いた——僕が味わった素晴らしい夜を味わえない自分を憐れんで。僕も泣いた。みんな、なにひとつ羨む必要なんてないんだから。

僕はママのお叱り覚悟で中に入った。

「ガーランドは一晩中泣いてたわよ、なにも食べてなくて」

僕はキッチンテーブルにいたママの横に座って、お金は残らず使い果たしたと言った。ママは泣いてしまった。

「楽しかったの、リチャード？」

「行く前はね。みんなが見に来てくれたりして。うん、楽しかった。ポーチに座ってブーやみんなに、いつか行くプロムについてあれこれ話してた時は」

ママは僕にそっと腕を回した。「私のせいよ、リチャード。プロムには、みんな二十ドルは持っていくって知ってたわ。もっと借りればよかった」

「ううん、ママ。二十ドルじゃ足りなかったよ。あったところで同じことになってた。レストランにいた全員の勘定を払う羽目になっただろうから」


その後もプロムが何度かあって、僕はどうすれば楽しめるか分かった。まずは、僕と一緒に行きたい女の子と行くこと。それもファンキーな曲を踊りたい女の子と。そして、プロムが終わる二時間前に抜け出して、外で待機している一番狂暴そうなヤツにワインを何本か渡す。そいつは酔ってさらに悪さをするだろうが、僕と仲間を通してくれる。彼女をボスに紹介しておくことも大事。ボスが望んだのはそれだけ。僕たちが出る時、彼は喧嘩を中断させた。既に彼女を紹介していたので、彼女の手前、手荒な真似をしているところを見せなかった。三度目のプロムまでには、どうすれば殴り合いが回避できるか分かった。会場の窓を開けて、外の連中が中を見られるようにした。別格な男子と女子を窓際まで連れて行って紹介した。プロムが始まってしばらくすると、不良軍団の誰かが、その内の誰かをそっと窓際に呼び寄せ、「俺の代わりに、あそこの女の子と踊ってみてくれ」と頼んだりしている。「一杯やってくれ、俺のオゴリだ」などと言って、窓越しにワインを差し入れていた。という具合に、外の連中もパーティーに参加していて、悪態をつかなかった。窓が開いていれば締め出された気にならなかったから。

Ⅵ

一九五一年の夏は長かった。僕は学習記録年鑑の刊行を待っていた。春にミズーリ州が主催した黒人だけの一マイルレースを、その年の高校最速タイム、四分二十八秒で優勝していて、秋に刊行される年鑑に名前が載るのが待ち遠しかった。長く、暑い夏だった。新聞は頻繁に、自宅前の路上で卵を焼く人の写真を載せていた。堤防は干上がっていて、粉塵と化した土が舞い、土ぼこりが市内を吹き荒れた。六月と七月の二カ月間、ブーとプレスリーと僕は、毎日街へ職探しに行った。仕事はなかった。「すまんな、今日は黒人の求人はなしだ」。八月に入るとブーとプレスリーはあきらめた。僕は、直に学習記録年鑑に名が載るからには、もう靴磨きはできないと思った。近所の人たちの使い走りも。そこで、一人で街へ出て、職探しを続けた。

その八月のある日、気温が四二・七度まで上がった。真ちゅうのドアノブを長く握りすぎて手の皮が剝けた。ポケットには五セント硬貨一枚。仕事はなく、家へ帰ろうと歩き出した。四十五ブロック。息を吸い込むたび、熱気がノドに刺さった。失神すると思ったその時、レストランのウインドーの美しいサインが目に飛び込んできた！　**「冷房中。ソーダ五セント」**。中は涼しかった。売場のカウンター係は白いユニフォーム姿。天使を見るようだった。

「ニガーはお断りだよ」

僕は立ちすくんだ。その日がどんなに辛い日だったか、どんな思いでそこに辿りついたか、彼にそれを伝えようと口の中を必死に湿らそうとした。

「どうしたんだ？　キサマ、ツンボか？」

僕は、そこがどんなに涼しく快適か、そして自分が黒人であるがゆえに、それを白人のように味わえない惨めさを伝えようとした。

隅にいた男が、清涼飲料水の瓶を大理石のカウンターに叩きつけて割り、向かって来た。映画の中のハンフリー・ボガートがするように、割れた瓶を振り上げたまま僕の前に立った。彼の後ろにも人がいて、ニヤニヤ笑っていた。ボガートは、瓶を僕の顔の前に突き出した。僕は手をかざして防いだ。なんの痛みも感じなかった。歓声が上がった。ソーダの売り子がアラン・ラッドのように走って来て、ボガートと二人で僕をつまみ出した。

僕はまた歩き出した。暑さとホコリの中、まともに息ができなかった。手から血が地面に滴り落ちるのを見ながら歩いた。傷口から出てくるものを見ながら歩いた。手は白く見えた。気絶した。この世から遠く離れたどこかへ落ちて行くような、心地よさだった。

気がつくと、僕が倒れていた溝のところで、白人の婦人がひざまずいていた。片方の腕で僕の頭を支えている。歩道にぶつけてできた僕のコブを撫でていた。「大丈夫よ、あなた。心配しないで。大丈夫だから」

脇には白人の警察官が立っていた。僕は婦人になにもしてない、触れていない、と言おうとしたけど、口が乾き切っていて言葉が出て来なかった。

「放っておいて下さい、奥様。私が処理しますから。直に救急車が来ます」

「どこへ連れて行くのですか?」

「ニガーの病院へ」

「なんですって?」

「ホーマー・G・フィリップス病院です」

「遠すぎます。バーンズへ連れて行きましょう」

「あそこはニガーはダメです。関わらない方がいいですよ」

「私が誰かご存じですか?」

「ニガー好きの誰かでしょう……」

婦人が名乗ると、警官の顎が落ちた。口を開けたまま後ずさりした。「あなたのバッジの番号は覚えておきます。解雇だとご承知おきを」。警官は謝って、僕を救急車に乗せる手伝いをした。婦人は僕と一緒に後ろの座席に座った。「バーンズ病院！　急いで下さい！　ひどい怪我をしていますから！」

サイレンを鳴らした。僕のために！　車は道を開けた。バーンズ病院。婦人に連れられ、病院のロビーに行った時、血だらけで、汚い身なりの自分が恥ずかしかった。聞いてはいたけど、決して中に入ることはないと思っていた。どの人も親切だった。待つこともなく、すぐに上の階へ。手を洗浄消毒してくれた医者がいて、もう一人が傷口を縫ってくれた。八針。包帯もしてくれた。誰もが婦人を知っているようだった。婦人は治療が終わるまで、ずっとそばにいてくれた。

一階まで付き添ってくれて、タクシーを呼んでくれた。運転手は、僕をいぶかし気に見たけれど、婦人はそれにかまわず、一緒に乗ってくれた。僕がどこに住んでいるか訊いて、それを運転手に伝えた。婦人はずっと僕に話しかけていたけれど、僕は真っ白な包帯に見惚れていて、一言も耳に入ってこない。これほどキレイな包帯をしたことのある人は、近所に一人もいなかった。

「ここで降ります、奥様」

「まだノーステーラーじゃなくてよ」

「ええ、でもママが、白人の婦人と帰って来る僕を見たら、なにか悪いことをしたと思いますから」。それは事実。でも、本当のことが言えなかった。裏のドアから忍び込んで、キレイな包帯を見せびらかして、みんなを驚かせようと思っています、とは。

「あなた、本当に大丈夫なの?」

「はい、大丈夫です」

「本当に?」

「はい、奥様。ありがとうございました。運転手さんも、ありがとうございました」。車を降りると、婦人は後ろの窓越しに手を振ってくれた。

僕は走り出した。気分がよく、五ブロック走って家を通り越し、さらに十ブロック。暑くなり、手がうずき始めたところで家に帰った。裏のドアからそっと入った。「おーい、みんな、来いよ。珍しいもの見せてあげる。すごいぞ!」

ママが寝かせてくれ、僕は三日間臥していた。起きたのは、汚れ始めた包帯に白い靴磨きをつける時だけ。大勢の人が見舞いに来てくれた。白人婦人のこと、救急車のこと、バーンズ病院でのことを話した。婦人の名前を知らなかったので、信じない人もいたようだ。

十日ほど経って、抜糸のためシティホスピタルへ行くように、とママが言った。あそこへは行きたくなかったけど、バーンズでは抜糸に来るようにとは言われなかった。だから自分で抜いた。一本一本、針と鋏を使って。さほどむつかしくはなかった。

九月に学習記録年鑑が出た。僕の名はなかった。市の教育委員会へ行って尋ねてみたら、黒人レースの記録は登録されないとのこと。セントジェームズ監督もそう言っていた。白人と走らない限り年鑑には載らない。

それならばと、何千もの同胞を引き連れて、教育委員会を訪ねた。僕の名はテレビに出た。セントルイス・ポスト・ディスパッチ紙にも載った。

委細はこうだ。サムナー高校のＰＴＡが、生徒の過密状態に抗議するため、同九月、教育委員会に対するデモを計画した。

事態は切迫していて、緊張と恐怖が走った。ポップ・ベケット先生は、バットを手に校門の前に立っていた。僕を見るなり、関わるなと言う。

「ポップ、僕、行くよ！　だって、ママは知らないんだ。僕が一マイルレースで、今年、全米のトップランナーの仲間入りをしたことを！」

ポップはただ唖然として僕を見た。

デモ行進での僕の役割は、隊列を行き来して、生徒たちが列を乱さないよう、露店の果物などを盗まないよう、注意すること。列は長くなる一方で、他の黒人高校からの生徒も加わった。市長に、一マイルレースのタイムについて訴える機会はなかったけれど、僕はこの時とばかりに、道すがらの新聞やテレビのレポーターに、自分の名が学習記録年鑑に載っていないことに抗議していると伝えた。冗談と思われた。だから、英語の授業には生徒八十人、教室が足りず、数学の授業は機械室で、歴史の教室に入る最後の十人は席がなく一時間立ちっぱなしだ、と言ってやった。新聞記者たちは、僕がデモのリーダーだと書いた。あたかもそうだと言ったかのように。

警察が、委員会会館前のローカスト通りでデモ隊を解散させた。治安を乱すという理由で。白人の男が出て来て言った――もしも僕らがよりよい学校を望むのなら、今の学校へ戻ればいい。違う白人が、僕らが教室に戻るのなら、話し合いのため、ＰＴＡから六人、会館に入ってもいいと言った。僕らは従った。シュプレヒコールを唱え、プラカードを掲げる黒人のデモ行進騒ぎで、市はただならぬ状態に陥り、生徒が座る席があるかないかの問題ではなくなった。学校では、みんな僕が退学になると言っていた。家ではママが怒っていた。デモは共産主義者《コミュニスト》が煽動したもの、と奉公先の白人たちに言われて。僕はママに「コミュニスト」のスペリングすら知らないと言った。

すぐにはなにも起こらなかったけど、次の週の高校対抗クロスカントリーレースは、白人・黒人統合のレースになった。デモがもたらした結果かどうか定かではないが、いずれにしろ、セントルイスの高校では、これが初の黒人・白人統合レース。僕の未来が明るくなり始めたのはこのレースからだ。

それはもう大騒ぎ。噂が飛び交い、興奮が渦巻き、空気は張りつめていた。僕らは、相手チームの白人選手を知らない。向こうもこっちを知らない。サシの関係でお互いを好きになるか嫌いになるか、知る由もなかった。お互いロッカールームで裸を見たわけでもなく、走る姿すら見ていない。僕ら黒人の間では、白人選手は特別な調整をしていて、長距離で有利になる別メニューの食事をしていると噂していた。白人選手の間では、僕らのトラック競技走者は三人で十分だと言っていたらしい。最初の一人が一〇〇メートルと二二〇メートルに勝つ。二人目が一一〇メートルハードルと四〇〇メートルハードルの両種目を取って、三人目がハーフマイルと一マイルを。そして、その三選手は、黒人の給水係《ウォーター・ボーイ》に四人目の走者になってもらい、リレーを制する、と。

僕にとっての初の統合レースは、ウッドリバー丘稜でのクロスカントリー走。スタートラインに立った時、緊張で震えた。セントジェームズ監督は、何週間も前から僕たちに強化指導をしてくれた。戦略を一から練り直させ、スタンドプレーはご法度にした。僕のアーガイルソックスもなし。敬礼もなし。テープを切る際、仲間の手を取るのもダメ。ガールフレンドに手を振るのも禁止。これは一大イベント。勝てば、毎週木曜日に発行される黒人紙アーガスを待つまでもなく、翌日の白人新聞各紙に名前が載る。三マイル走には、全米トップレベルの高校記録を持つ白人選手がいるとのことで、彼を抑えれば勝てる。監督はそうハッパをかけた。しかし、走ったことのないコース。抑えなければならないのがどの選手なのかすら、チームの誰も知らなかった。

バーン！

僕は自重した。集団を先に行かせればいい。長いレースだ。いい食事をしていて、生来、身体のケアが行き届いた連中と走るとその差は一目瞭然。肌の色つやからしてよく、滑らかだ。走りまでも。僕は集団に入った。そして、さらに先に進んだ。白人選手の誰一人として知らず、ましてやその中の誰が、また何人がペースメーカーなのかも分からない。どの連中が最後のスプリントのための力を温存しているのか全く分からなかった。とりあえず、先頭集団についた。背の低い白人が一人、先頭集団の遥か前を、流れる水のように悠然と走っていた。どの曲がり角も鋭く回り、コース脇の灌木の小枝にひっかかれるような様子もない。僕はひっかき傷だらけ。負かさなければならないのはその選手、と決めた。

さらに前に進んだ。先頭集団の前に出て、背の低い白人を追った。僕には速すぎる。彼のペースに合わそうとすると息が切れ、左脇腹には針で縫いつけられているような痛みを感じる。靴にはガラスの破片が入っているよう。先を行く彼は、余裕をもって走っている。抜けないと思った。ずるがしこく行くしかないぞ、グレグ。

二マイルの標識のところで横についた。お尻を軽く叩いてやった。「調子よさそうだね、君」。そう言って荒い息遣いを聞かれないようすぐに下がった。

少しして、また追いつく。今度は靴の踵を蹴った。彼のストライドを乱すほどにではなく、いら立たせるほどにではなく、僕が失格になるほどにではなく、「あっ、ごめん」と言える程度に。息遣いを聞かれないよう、またすぐ下がる。彼は動揺したようだったがペースは乱れなかった。

残す距離はあとわずか。ラストチャンスだ。息を殺して真後ろについた。彼は、僕の気配を感じた。僕の足音を聞いた。でも息遣いは聞いてない。僕の胸に炎が焚きつけられる。頭がモウロウとした。息は浅く吸おうと心がけたが、頭がそれを遮り続ける。彼はキョロキョロし始めた。怖くなったのだろう。目を大きく見開いている。彼はスピードを上げた。僕は息を止められるだけ長く止めて追った。そして、彼に聞こえないところまで下がって息を吐き、また、普通に呼吸する。彼はスピードを上げるのが早すぎた。スピードが落ちた。スムーズなペースを取り戻せなくなった。リズムが狂った。自滅だ。自分のレース運びができなくなった。恐怖で頭が混乱していた。

僕はまた彼についた。いつでも抜き去れると思った。でも、コースが分からず、曲がるところを間違えて失格になりたくない。だから、数ヤード空けて後を追った。最後の二百ヤードまでそうする。そこからはテープへまっしぐらだ。係員、音楽隊、群衆、カメラマンが見えたところで抜いた。最後の直線コースまで、膝がちゃんと上がっているかずっと見ていた。高く、高く、より高く。テープを切るところまで。その直後、僕は白ん坊がヒーローをどうもてはやすか知った。

終始ファーストクラス待遇だ。僕の写真がウッドリバー紙の第一面を飾った。セントルイスの全ての白人紙のスポーツ欄にも。「ディック・グレゴリー。ナンバーワン」。それが僕の高校最終学年の始まり。すごい年の始まりになった。まずは、白人・黒人混合フォレストパーク地区クロスカントリー大会に勝ち、ミズーリ州のチャンピオンに。大学生相手の十五マイルレースでは二位。そのレースでは、僕がただ一人の高校生。みんなが僕の言うことに耳を傾けるようになった。ディナーへ誘われた。「名誉市民賞」をもらった。僕を紹介する言葉はいつも、「ディック・グレゴリー。生まれも育ちも生活保護家庭。だが見たまえ、今のこの彼を！」——あたかも、我が家の生活保護受給は過去のことかのように。ママはもう、疲れた足を、白人の家から引きずって帰って来てないかのように。僕がもう、ママの財布から毎回五ドルずつ抜き取っていなかったかのように。僕は仕事もしないで、模範青年としての体裁を保つことばかりに躍起になっていて、息子としての役割、頼れるアニキとしての役割を忘れていた。

テーブルマナーを身につけたくて、選択科目に調理実習を選んだ。知名度が上がってきていたので、ナイフとフォークの使い方を教わりたかった。いつも、ステーキと一緒につけ合わせが盛ってあると、まずは肉を平らげる。お次はポテト。それから野菜。その都度、食べたいものが自分の真正面にくるように皿を回転させる。そんな具合だった。コック志望だから、と言って家庭科に進ませてもらえるよう頼んだ。授業では裁縫もやらなければならなかったけど、なにはともあれ、食事の作法は学習できた。「調理実習」を選択した本当の理由は明かさなかった。そんなことで、卒業アルバムの僕の名前の後に「コック」が入った。

それは取るに足らないこと。なんと僕は、その年、トラックチームの主将になった。クロスカントリーのチームの主将にも。オーケストラではケトルドラムを叩き、マーチングバンドではベースドラムを。ロケッツというダンス同好会ではボンゴ担当。女の子を映画に誘ったりして、僕はクールガイ。一緒に行く子とはいつもバルコニー席へ。バルコニーと言えば、セントルイスの黒人の映画館では最高の席。そこは、映画が面白くないと、タバコを吸って、女の子を抱き寄せ、バカを言って笑うところ。

映画館をうまく利用する秘策はこうだ。デートの少し前に、案内係に事前にチップを握らせて、バルコニー席を二つ確保してもらう。彼女を連れて来たら、その案内係にウインクして、「オーッス！」。すぐに二階へ案内してくれる。たまに、係員はランチに出ていてバルコニーは満席。そんな時の気分はみじめそのもの。でも大抵座れた。映画が終わると、自分のカッコよさ、存在感を見せつけたくて——それなりの人を知っている、コネがあるという風に——時間をかけてゆっくりと下の階へ降りて行く。案内係に袖の下を握らせているとはおくびにも出さない。当時の僕は、いつもバルコニーに座れればそれで満足。それが人生の全てだった。

その年、僕はいつもバルコニー席にいた。レースに勝ち、ドラムを叩き、デートをする身分。全てが思い通りに運んでいた。あるトラック大会で、レース中に全ての照明が消えてしまったことがあった。僕は姑息にも闇に乗じてグランドを横切り、近道をした。ハードルを飛び越えようとして失敗、倒れ込んだところで、照明が点いてしまった。倒れている僕を見た審判団は、失格を検討。そうはさせまじ。夜間の競技で照明が消えたら、進行中のレースはその場で中止だってどんな間抜けでも知ってることだ、と僕は食い下がった。審判たちは咳払いをしたりして、お互い顔を見合わせていた。ルールをよく知らない様子だ。それもそのはず。それは僕がとっさに作ったルール。再レースになった。

ある日、僕は学級委員長になりたいと思い、意を決した。高校最後の年で学級委員長。なれる生徒は限られていた。無欠席で裕福な家庭の生徒。成績優秀で「全米優等生協会」に名を連ねている生徒。フランス語クラブや数学クラブに入っていたり、ボランティア活動をしている生徒。そんな部活に関係のない僕は、自分のクラブを創った。不良連合。プロム会場の外で、手ぐすね引いて待っていた連中――失うものはなにもなかった連中――のところへ行って、僕の野望を伝えた。僕が彼らを代表して立候補すると言った。彼らは僕の要望に応えてくれた。選挙で選出された生徒は、即刻辞退した方が身のため、という噂を広めた。おかげで僕が学級委員長に。

この出来事は、僕にとってもう一つの分岐点となった。他者に対しても責任があるという新たな意識が芽生えた。トラックでは自分だけのために走っていたけれど、最終学年の学級委員長になったからには、もはや授業のサボりも、遅刻も許されない。トイレでしゃがみ込みサイコロ賭博を見ていることも。シャツはキレイで、靴もピカピカに磨いてなければならない。授業中、突拍子もない発言をするのもヤメ。職務をこなし、ミーティングに参加し、シニア・デーのためにスピーチも書かなければならない。一個二十ドルの卒業記念リングを売り込みに来る白人業者との折衝もある。その段取りについてあれこれ考えた。その業者がどうやって注文を取り、集金し、指輪をみんなに渡すのか。僕には買えない指輪を——。

　高校最後の学期が始まったが、僕は全国の大学から奨学金のオファーがくるまでは、大学へ進むことなど眼中になかった。ママは小学三年でオシマイ。なので、我が家の夢は僕が高校を卒業すること。大学は金持ちの行くところ。高校を終えたら働く。それが当たり前。ところが、百校以上からのオファーがあった。西はカリフォルニア、東はマサチューセッツの大学から。とはいうものの、僕の成績では大半の大学はムリ。七百人以上いた最終学年の生徒中、僕はどん尻の二十パーセントの中。アメリカ広しといえども、そんな成績の学級委員長がどこにいただろう。僕はその年、勉強しようとした。本を読もうとした。でも、どう読んだらいいのか分からなかった。トラックの練習を終え、食事をしたらもう午後八時。そのまま台所に座って読むことにした。さあ、読むぞ。十二時になってもいい。一ページに一時間かかってもいい。ここに座って読む。一語ずつでも。しばらくすると、文字がぼやけてきた。心は散り散りにあらぬところへと飛んで行った。

　ドンマイ。その年の僕にはまだツキがあった。セントジェームズ監督はカーボンデール市にある南イリノイ大学に移っていて、そこへの入学を後押ししてくれると言った。僕にぴったりの大学。小さな池の大きな魚になるチャンス。そう言ってくれた。大学は受験して欲しかったようだが、僕は受験日に行かなかった。受けてもどうせ落ちるから。運動部の監督のところへ行き、もしもトラック選手が必要なら試験免除で入れて欲しいと訴えた。監督は学部長と相談するようにと言った。学部長は条件を示した。入学は許可する。試験免除且つ体育奨学金つきで。ただし、一学期目の成績如何。悪かったら入試を受けて、それに合格すること。不合格だったら大学を去ってもらう。またもや鉄人グレゴリーが勝利した。

もはや勉強はしなくていい。競技大会のためのトレーニングもなし。脚をテープでぐるぐる巻きにして監督に言った。「痛くて練習できません」。夜遅くまで遊んだ。ダンスにも行った。女の子を誘っては、バルコニー席へ。ビールを飲んだ。タバコも吸った。生徒会のミーティングは副委員長任せ。送別スピーチがどうなっているか心配する先生には、現在執筆中と応えた。明日出来上がります。明日には必ず。ジョークをいくつか飛ばせばいい、そんな気でいた。僕は大物。そう思っていた。グレゴリー家よりも大きな存在。学校よりも。天にまします神に匹敵する存在。忘れもしない、あの日のこと。高校生活最後の大会会場はフォレストパーク。そこへ向かう道すがら、あちこちのニューススタンドにならぶ新聞の見出しに目が留まった。「ディック・グレゴリー高校最後のラン――全セントルイス市高校トラック競技史に輝く偉業を残して」。別の新聞には、「ディック・グレゴリー、州大会二年連続制覇」。この記事を書いた誰かさんは解雇になったはず。僕らが競技場に着くと雨が降り出して、大会は延期になったから。

その週は毎日どの新聞も、僕が高校アスリートとしてどのような華々しい最後を飾るか書き立てていた。

5　高校や大学スポーツチーム（主にフットボールやバスケットボール）のシーズン最後のホーム試合のこと。試合の前後やハーフタイムで、送別セレモニーがある。

僕はその一言一句を信じた。トレーニングはそっちのけ。卒業を控えた生徒たちのパーティー三昧で夜更かしが続いた。そして再びフォレストパークへ。太陽がさんさんと降り注ぐ中、報道関係者が待ち受け、バンドが演奏している。カメラマン、そして観客が、僕がどんな形で高校生最後のランを飾るか、期待を胸に待構えていた。惨めとはこのこと。一巻の終わり。僕は十七位に終わった。

信じられない。みんなも目を疑う。僕はゴール付近でただ呆然としていた。前の十六人が失格になればいいと願った。監督は怒り心頭。報道陣は失望をあらわにしていた。僕は恥ずかしさに沈んだ。新聞の見出しは、「ディック・グレゴリー、期待外れの十七位」。誰が一着だったかを伝える見出しはなかった。学校では、まだ書いていない送別スピーチのことを訊かれた。僕は肩をすくめて歩き去った。自惚れで膨らみすぎ、ペシャンコになった自分の拠りどころはなかった。僕は、ママの慰めも届かないところまで、遠く大きく膨らんでいた。先生の慰めも届かなかった。神の慰めでさえも。救いようのないこの僕。でも、それはまた思い違いだった。セレモニーの前の日、英語の先生がスピーチを用意してくれた。

壇上に歩を進めたその日、この世の誰もが、固唾を飲んで僕を見ている気がした。学校のリボンを僕の襟に付ける校長の手は震えていて、ピンは胸を刺した。僕はマイクの前に立った。その瞬間、また、あの熱湯がつま先から昇ってくるのを感じた。世界を打ち砕くあのモンスターが大きくなっていく。すると、スピーチを自分で書いた気がしてきた。

「みなさま、ご存じの通り、人類は太古からさまざまなシンボルを用いてきました……」

会場が突然静まり返った。一人として身じろぎしない。みんな、呪文にかかったように聞き入る。

「……考古学者が発掘する粗野な石板は、人間が、その思想と歴史を記録するためのささやかな試みの象徴……」

先生たちの顔に現れていた心配が消える。生徒たちは唖然として、口を開いたまま。

「……キリスト教文化の象徴たるあの十字架……白頭ワシが象徴する我が民主主義の理念……」

みんな、前のめりになっている。今にも壇上に駆け上がって、僕に抱きつかんばかりだ。

「……私たちが、隣人同士、協調して生きていく努力の象徴です。今日、私たちは、偉大にして象徴的な経験をするために集いました。今日は我が母校の日。我がサムナー高校を象徴する栗色と白の校旗の日。ここにおられる皆さまの心の火をたぎらせる栗色と白。言うまでもなく、僕たちは、この学校を長年支えてきたこの栗色と白を胸に学び、成長し、末永く誇りをもって生きていきます」

スピーチ終了。何百人もの聴衆が、押し殺していた息を一気に放った。大歓声が起こった。不良連合の仲間たちは、上を下への大騒ぎ。先生たちは満面の笑みを浮かべて握手を交わしていた。僕はママを見た。目に涙を溜めていた。唇が動いていた。僕は、ママが一人でいる時に「神様、ありがとうございます。ありがとうございます」とつぶやいている姿を見る気がした。

Ⅶ

一九五三年のある日、イリノイ州にあるカーボンデール市のメインストリートを歩いていたら、白人の男が僕の腕に触れながら訊ねてきた。

「ディック・グレゴリー?」

「はい」

「君は知らないだろうけど、息子と私は、君が走るのをいつも見に行ってる。息子は車の中だ。松葉杖がないと歩けないんだ。声をかけてサインしてやってくれないか。大切なことなんだ、息子にとっては」

「喜んで」

車まで行って前のドアを開けた。男の子は痩せていた。九つぐらい。

「ジョン、ディック・グレゴリーだよ。挨拶したいんだって」

僕はかがんで上半身を乗り入れ、ジョンの小さな手を握った。厚い金属製の装具が脚を包んでいた。「こんにちは、ジョン。パパが言ってたよ、僕のファンだって。いつも南イリノイ大の応援に来るんだって? ありがとう。応援は力になるんだ。ずっと速く走れるんだ」

ジョンは恥ずかしそうに微笑んで、十セントストアで売っているサインアルバムを差し出した。「サインしてくれる?」

「もちろん。鉛筆あるかい?」

ジョンは鉛筆を持ってなかった。お父さんも。日曜日で、鉛筆が調達できるのは、目の前のレスランだけ。僕はジョンのお父さんに言った。

「あそこで、借りれますよ」

お父さんは僕を怪訝そうに見た。黙ってレストランへ行き、鉛筆を借りて来た。鉛筆を手渡す際、彼の目は「なぜお前が行かなかったんだ」と語っていた。

僕はジョンのアルバムにサインをした。「来週、スタンドにいる君を探すから」。僕はそう言ってジョンと別れた。背にお父さんの視線を感じた。彼の思いが聞こえてくる。「鉛筆を取りに行かせやがって、クソ生意気なニガーめ……」。僕は説明しようにもうまく説明できないと思っていた。あのレストランには、黒人は入れないだろう、入れたとしても「鉛筆貸していただけますか」と訊く前に、レジに立つ女性に「ここは黒人お断りよ」と言われるのがオチだ。

僕がそう説明したところで、あのお父さんと体の不自由な少年が信じてくれたかどうかは分からない。でも、かまうもんか、そんなこと。カーボンデールはディック・グレゴリー様のもの。クロスカントリーチームとトラックチームの主将。奨学金受給学生。学長宅給仕。サムナー高校史上最速のハーフマイル走者。オーケストラ及びマーチングバンドのドラム奏者。バラエティーショーでは名役者。一九五三年最優秀アスリート。カーボンデールではそう知られている。カーボンデールのディック・グレゴリーに不可能はない。チームメートと外食することと、劇場の一階席に座ることとを除いては。僕こそあの脚の悪い男の子にサインをねだるべきだった。あの子はアメリカ人なんだから。

僕がトラックで勝ち得た男の誇りなど、街に出ればいとも簡単に剝ぎ取られてしまう。そんな気がした。身が裂けんばかりに走って勝利する。観客は僕の名を叫び狂喜する。チームメートが駆け寄り、僕を肩車してトラックの外へ担いで行く。リングル監督が抱きかかえる。そして、みんながステーキとビールでお祝いと言って街に繰り出す段になると、僕は決まって、「行かれない、もっといいことがあるから」と言う羽目に。僕になかったものは他にもある。大学で一冊の本も読み終えなかった僕だ。それでも多く知ったつもりになって、天狗になっていた。

しばらくは、傲慢な自分を偽り通せた。一九五二年三月のある日、僕はメタルのスーツケースと、ママのお手製のハムサンドイッチとフライドチキンが詰まったショッピングバッグを持って、南イリノイ大学で春学期を迎えるため、セントルイスを発った。町を出るだけでもスリルがあった。近所の人たちに悟られないように、そっと抜け出した。ママと僕と子供たち何人かで、セントルイスのグレーハウンドバスのターミナル駅へ向かった。でも、カーボンデールに着いてからはもっとスリリング。ショッピングバッグをバスの座席の下に置き忘れてしまったくらいだけど、そのままキャンパスへ。校内を歩いて実感した——この僕が大学に。さぁ、美しき大学生活の幕開けだ。

すぐに新入部員として入部を認められ、たくさんの友達ができた。学生の大半は白人で、教授陣も然り。僕の名を知る人は極わずか。それまで僕は、パレードや祝日のピクニックなどで、政党が選挙を盛り上げるために、黒人女性を候補者の脇に侍らせてべたつかせる選挙キャンペーン以外で、これほど多くの白人が集まっているのを見たことがなかった。それでも、高校のトラック大会で白人選手と言葉を交わしていたので、緊張はなかった。僕には対等に闘える武器がある——トラックに出ればこっちのもの。

僕はランナーとして成長した。レランド・P・リングル教授は監督としても、人間としても素晴らしかった。僕に手を差し伸べてくれた人の中では初めての白人。リングル先生の勧めで、僕はスピーチと演劇と音楽の授業を受けた。先生は僕のジョークを面白がり、一流のエンターテーナーになれると言ってくれた。優しい人だった。大学のトラック記録を塗り替えるたび、学食で夕食に一ドル二十五セントのステーキをおごってくれた。頻繁にステーキにありつこうと、記録をコンマ単位刻みで縮めたが、それには目をつむってくれた。ついにはハーフマイル記録を一分五十四秒一まで縮めた。

だけど僕は混乱していた。大学でのトラックは、僕にとってなにか別物になっていた。高校時代の僕はスッカンピンだったこと、生活保護を受けていた状況と闘っていた。土曜日に英気を養って、次の一週間、またヒーローでいられた。しかし、大学では、黒人であることに立ち向かっていた。黒人であること。それは一過性の状態ではない。大学で優秀なトラック走者だった僕にはものすごく酷な事実だった。街のレストランの前を通れば、チームの誰かがガールフレンドとサンドイッチを食べ、ビールを飲んでいる。彼は僕に気づき、微笑み、ウインドーの内側から手を振る。僕も手を振るが、心の中でつぶやく。「たんまり食べとけよ。明日はトラックで打ちのめしてやるから」。でも翌日になると、虫を殺して運動場では彼にカーブでの体重の移動法を指導してやる。

週末に遠征する時は、沿道の簡易食堂に入る。僕が入れたのは、リングル先生が率いるチームのメンバーだったから。入って来る白人は僕を見て、「おい、見ろよ」と言わんばかりに、一緒にいる相手に軽く肘で合図する。そういうことは、チームメートたちと話さなかった。話せるわけもなかった。一緒のバスに乗り、メタルのスーツケースを膝に抱え、それをドラム代わりに叩いてカリプソを歌い、ジョークを飛ばすのが関の山。愉快なグレグ、ヒョウキン者、コメディアン。いつも笑っている男。それでいい。ママは言っていた。「笑う門には福来る」と。

南イリノイ大には黒人学生が意外に多く、黒人は黒人同士で固まっていた。寮の部屋も一緒。デートするのも黒人。パーティーも黒人だけ。いつも彼らと一緒だった。街へは二、三人連れ立って繰り出す。レストランを通ると、白人学生が出て来て、「グレグ、どこへ?」と訊く。「よっ! ちょっとしたパーティーに呼ばれててね。モテモテよ」。僕らは、黒人が占める地域に白人を連れて行くことは滅多になかった。白人も僕らに対して然り。彼らは、人種隔離政策は双方に都合のいいものと思っていたのだろう。実のところそうではない。黒人地域には安酒場が二軒あった。実にお粗末なところ。恥ずかしくて誘えなかった。

仲間であっても、白人とはこれと言った話はしなかった。どうせ分かりっこないと、話す気にもならなかった。例えばママのこと。その頃は入退院を繰り返していて、糖尿病も心臓も悪くなるばかり。悪臭を放つ膿も出ていて、ドロレスは癌を疑っていた。いくらママを愛していても、なぜ家に帰りたくなかったか、説明しようにも説明できなかった。僕自身もゆっくりと死にかけていたとは、どうしたって話せなかった。なんのために走っているのか。なぜ経営学の授業に出ているのか。なぜ学長のダイニングルームで給仕をしているのか。なぜなにをするにも、空腹に備えて、大学食堂かキャンパス内のドラッグストアの近くにいられるように心がけていたか。歴史の白人教授がNegroではなく、negroと書いた時の絶望的な気持ち——これをどうやって説明できよう。授業が終わると、僕はそのnを消して、大文字の

Nに書き換えた。とやかく言うヤツはいなかったけど、刺すような視線を感じた。僕はこの状態がいつまで続くのか分からなかった。映画の世界に逃避できていなかったら、なにをしでかしていたか分からない。

カーボンデールの映画館がお気に入りだった。世界中で一番いいところに思えた。セントルイスではバルコニー席に座るのが一苦労だったけど、カーボンデールでは楽勝。カーボンデールの映画館へ初めて行って分かったこと。それは、黒人のアスリートはみんな、決まってバルコニーに座るということ。数人連れ立って映画館へ向かい、バルコニーへ直行しては、スクリーンに向かってけなしたり、冗談を飛ばし合ったり。僕らがバルコニーに座れたのは、上級生の誰かが案内係にチップを渡していたのだろうと、ずっと思っていた。初めて一人で行った時のことは今でもよく覚えている。チケット代を払うと一セントも残ってなく、案内係に渡す二十五セントは誰かに借りようと一階に立っていた。そこへキャンパスで見かける白人学生の案内係が来たけど、渡すお金がない。

「ディック・グレゴリーだよね」

「うん、そうだけど」

彼は微笑んで「噂には聞いています。ようこそ。どうぞバルコニーへ。空いてますよ」と言ってくれた。チップなしでバルコニーへ通されるなんて、顔が広くなった気分だ！　劇場関係者を知っている、コネがある！「ありがとうよ。礼はこの次にな」

女の子を連れて行った時のこと。その晩、別の子と約束していたけれど、出がけにその子から誘いが入って急遽パートナー変更。バルコニーへ行けば、キャンセルした子に会うのではないかと心配で、一階席に座った。彼女は僕を押しのけるように立ち上がり、二階へ続く階段の方へ。僕は彼女の手を取って言った。「どうしたんだ。今夜は俺と一緒じゃないか」

この言葉を彼女は「ディック・グレゴリーは大物だから、どこにでも座れる」と受け取ったのだろう。一緒に元の席に戻ったが、彼女は震えているようだった。僕は、最初に誘った女の子に出くわすのではないかと気を揉んでいて、すぐに気づかなかった。震えているのは寒いからだと思った。前の客が僕らの方を振り向いたり、じろじろ見つめたり、指をさしてヒソヒソ話をしているのは、陸上のスター、ディック・グレゴリーに気づいたからだと思っていた。そこへ案内係がやって来た。

「グレグ、バルコニーはガラ空きだよ」

「いいってことよ、ここで。今夜はここにするよ」

「悪いけど上へ行ってくれないか」

この間のチップが欲しいのだと思った。二階へ行けない理由を耳元でささやいた。

案内係の声がきつくなった。「上って言ったでしょ！」

僕は、彼がマネージャーと戻って来るまで冗談だと思っていた。

「グレゴリーさん、ちょっとよろしいですか？」。白人に「さんづけ」されたらなにかまずいことをしでかしたということ。

彼女には、すぐ戻るからと言って席を立った。一階の白人客が振り向いたり、不穏なヒソヒソ話をして不満をあらわにしている中に、彼女を一人、置いてきぼりにしているとは知らずにいた。二階では黒人たちが「行け、グレグ！　行け！　一泡ふかしてやれ！」と叫んでいる。僕はマネージャーの部屋に行くまで、バルコニーの連中は、僕が走ったその前の週のレースを讃えてくれているのだと思っていた。

「グレゴリーさん、申し訳ありませんが、一階席はご遠慮下さい」

「なぜですか？」

「黒人はバルコニーという決まりなので……」

セントルイスで抱いていた夢が吹っ飛んだ。あそこでは、バルコニーに座るのが夢だった。でも、カーボンデールではバルコニーが僕の座るところ。僕は唖然としてその場に立ち尽くした。セントルイスでは、案内係にチップを渡してバルコニーに案内してもらっていたが、ずっと騙されていたのか？　はたまた、こちらの案内係は、僕の技量かなにかを妬んで壊しにかかったのか？

「バルコニーに行って欲しいなら、腕ずくでやってもらおうじゃないか」

「警察呼ぼうか？」

「あぁ、呼んでくれ」

案内係は呼びやがった。僕は吹き出しそうになった。バルコニー席を取っておいてもらおうと、案内係にチップを渡す。けど、行ってみれば、その案内係はトンズラして席がいっぱいってことはしょっちゅうあった。警察を呼びたいのはこっちの方だ。でも、そんな僕をバルコニーに送りにしようと、わざわざ警察を呼んでいるヤツがいるとは、いやはや、ご苦労さまなことで！

僕は席に戻って彼女と一緒に出ることにした。彼女は泣いている。館内を出るところでマネージャーが言った。「払い戻し金を忘れないように」

「いや、また来るから」

僕は次の晩一人で出向き、一階に座った。そうしてもいい、と言われたから。劇場のルールが守れない狂ったヤツは座らせておけばいい。このアメリカでは、頭のおかしなヤツを罰しないことになっている。それからというもの、僕は、無名のアスリート、頭のまともな黒人仲間を連れて一階席を利用するようになった。思えば、リングル先生、学部長や学長だって連れて行けばよかった。

その頃、ハリウッドは「ザ・ローブ」というキリストを主題にした、素晴らしい映画を制作した。カーボンデールの映画館は大枚をはたいて上映権を買った。ある晩、一階席で観ていたら、マネージャーがやって来て僕を事務室に招いた。彼は映画館の存続を心底危惧していた。大金を出して買った上映権、破産するわけにはいかず、切羽詰まったこの時に白人の観客を失っては一大事だと、僕に懇願するように訴えた。「ザ・ローブ」の上映中は一階席に座らないと約束すれば、後は好きなようにしていい。黒人はどこに座ってもいい、と。僕はもう自分の権利を守るためのすったもんだに辟易していて、すんなり同意した。

ママが死んだ夜、僕はその映画館にいた——バルコニーの席に。そこにいたのは不幸中の幸いだった。リングル先生は、一階を探そうとは思わなかっただろうから。先生は僕を通路に呼び出し、家に電話するようにと言った。

「ママになにか?」

「早く電話しなさい」

「亡くなったんですか?」

「早く電話を」

「先生……」

ようやく電話がつながると、ドロレスが言った。

「お気の毒に……」

「ママ、死んじゃった」

「じゃ、慌てて帰ることもないね」

　僕は部屋に戻って荷造りを始めた。ルームメートが言った。「ママの素晴らしかったことを思い出すんだ。どんなによく面倒見てくれたか。どんなに苦しんだか。少しは気が楽になるから」

　僕はその晩、ママのことを想って泣き、祈った。そして、自分を責めた。大学へ行ってはいけなかった。家にいて働きに出ていたら、ママは白人の家で働き続けることはなかった。路面電車に乗って、ホテルの黒人のポーターたちに弁当を売りに行かなくてもよかった。民生委員が来るたび、電話機を隠さなくてもよかったはずだ。ママは四十五歳だった。

　僕は翌朝のバスで帰った。ママの帰らないノーステーラーの家にいる自分が信じられなかった。電車が停まるたび飛び上がった。その時、なぜ夜になるまでいつも外にいたのか、ようやく分かった。ママのいない家は、もはや家ではなく、ただの建物だった。きょうだいたちとはあまり話さなかった。言葉少なにママを偲んでから、お互い目を合わせることもなく、じっと座っていた。僕は外に出た。シモンズさんやレクターさんやベンさんの奥さんが、ママがどんなに素晴らしい人だったか話すのを聞いていた。ひょっとしたらビッグプレズが来るのではないかと思った。来ると知ったら、ママは生き返っただろう——一日会うだけのために。

　葬儀社に横たわるママは、裕福な白人にもらった飾りのついたキレイな服を着て、微笑んでいる。ようやくおしゃれをする機会に恵まれた。僕はかがんでキスした。そして言った。「ママ、ありがとう。僕はいつか、ママが誇りに思ってくれることをするからね」。立ち去る時、ママの声が聞こえた。「リチャード、あなたは大丈夫。ちゃんとやっていける。でも、いつも暖かくしてなさい。ベルトを締めすぎてはいけませんよ、お腹が弱いんだから」。みんな、なぜ僕が泣かなかったのか不思議がった。僕は辛かったんだ——泣けないほどに。

翌日のお葬式で、僕はみんなから少し離れたところに立った。牧師がバイブルを読む間、背が低く、泥だらけのオバーオール姿の男たちが、錆びついたスコップに寄りかかってタバコをふかしていた。駆け寄ってスコップを取り上げて言いたかった——ママの顔に土を乗せるな、と。でも、ママの奉公先の白人も来ていたので堪えた。ママが自慢していた白人たちの前で、ママに叱られるようなことはしたくなかった。男たちはママの顔に土を乗せた。僕は家へ歩いて帰って荷造りした。この家ともお別れだ。もう僕の住むところじゃない。裏庭に出て、空を見上げて言った。「ママ、ごめんなさい。生活保護を受けていることを恥ずかしく思ってごめんなさい。よそのママのような服を着てないママを恥ずかしく思ってごめんなさい。ママがどんなに素晴らしい人間だったかを知る前に、ママを失ってしまったことが口惜しい」

VIII

ぼうっとした状態で大学に戻った。四年間ずっとその調子だった――その年の残りの学生生活、軍隊での二年間、大学での最後の年。ぼうっとしてると言っても寝ぼけているような状態ではなく、冷え切って、辛く、苦々しい感じ。その状態が「一九五三年度最優秀アスリート賞」を与えてくれた。

ママが亡くなって数週間経ち、体育学部の事務室の前を通った時のこと。それまで気にしていなかった、通路の両側の壁にかかっていたいくつもの顔写真に目が留まった。そこには、何列も黒人選手の写真があった。でも、各年の優秀選手の一番上の列は白い顔ばかり。創立以来八十四年経つ大学で、最優秀アスリート賞を受けた黒人選手はゼロ。いい加減、選ばれてもいい頃だ。

僕は監督のところへ行って、その年の最秀賞に選ばれなかったらやめると申し出た。巧みにして狡猾な脅しが効き、選抜委員たちは、僕以外の黒人にでさえその賞を与えられなくなった。というのも、僕は、これは人種問題ではなく、僕個人の問題として訴えたから。その結果、僕が一九五三年の最優秀アスリート。走ることしか能がない僕が。バスケットボールを手にしたことのない僕。野球もダメ。おまけにカナヅチの僕が。

翌年、レオ・ウィルソンという黒人が僕に次いで受賞し、それ以降、黒人への授与が続いた。だがそれには、誰かが露払いをしなければならなかった——脅しをもって。その六月のある夜、盛大なディナーが催され、賞を手渡された時のこと。僕はみんなにお礼の言葉を述べ、自分には「グレグ、ありがとう。自分で勝ち取った自分のための賞だね。ハイスクールの学級委員長になった時と同じだね」と言ってやった。僕を特集する三十分番組を放送するということで、セントルイスからスポーツコメンテーターが飛んで駆けつけた。「ディック・グレゴリー。南イリノイ大学入りした最高のアスリート。セントルイス生まれ。信じられますか？　彼は生活保護家庭生まれ！」

僕はリングル先生やメディアが期待したほどの選手にならなかった。遊びほうけていて、小賢しく、生意気になっていた。僕が風刺を始めたのはその頃から。それが風刺と気づかずに。全同好会が交流するバラエティーショーでステージに立ち、白人の聴衆を前に大学や運動部のこと、そして世界情勢についてたわいなくしゃべった。「最近では、車を二台持つ裕福な家庭に生まれないと、そうそう家出もできなくなった」てな具合。しばしステージに立って一緒に笑ってくれる聴衆を眺めていると、トラックで勝つより楽しいと思った。けれども、トラックの方が無難と言える。ステージで聴衆に抱腹絶倒するジョークをどれだけ飛ばしても、黒人に対して敵意剝き出しの白ん坊は笑わないだろう。かたやトラックでは、抜群のコンディションで白ん坊より早く走れば、そいつが僕をいくら嫌ってようと、こっちの勝ち。

トラック競技で僕が最後に熱く燃えたのは、テキサス州で行われた全米スモールカレッジ対抗試合。僕は一時期、ハーフマイル走では全米三位まで昇り詰めていた。全国から集う精鋭のランナーたちと競う。白人もいれば黒人もいる。彼らと競うのは誇りであったが、恐怖でもあった。

大会初日。競技場に立つと、ブラスバンドが国歌を演奏している。星条旗がはためいている。僕のために演奏し、僕のために旗がたなびいていると思った。最高の感謝祭とクリスマスが一度にやってきた気分だ。セントルイスやカーボンデールで戦争映画を観ている時のよう。アメリカ兵やアメリカの味方を応援することで、正義とか、なにか強くて素晴らしいものの一部になった気がした。結果は予選敗退。にもかかわらず、出場できただけで自分を誇らしく思った。しかし、大学へ戻ってその気分は一変した。映画館を出る時、観たばかりの作品に黒人兵が登場しなかったことにふと気づく、そんな気分。いつもの「ここは黒人お断りなので……」を耳にする感じ。アメリカ人である喜びも希望も失せた。

小さい頃は、レストランの窓ガラスに鼻を押しつけて、いつかは中に入れる、と子供なりに納得するものだ。大きくなったらなんでもできる大人になる、と心に誓う。子供だから見られるいい夢だ。でも街に出て、自分が入れない窓の向こうにトラックチームの仲間の姿を見ると、もう大人になったら、なんて言ってる場合じゃない。既にイッパシの男になっている。夢など持てないと知っている。知っているから己の中の「男」を失ってどん底に沈む。トドの詰まりだ。

キャンパスでは大物アスリートで通っても、いざ街へ出れば、ホームカミングデーのフットボールで、試合を決めるパスを落とす出来損ないみたいな気分を味わう。これは耐え難いことだ。通りを歩いていると、農家の人や子供たちが大物スポーツ選手に出会ったかのように僕に手を振り、話しかけてくる。でも、本当はその白人たちの方が僕よりもずっと大物だって胸の奥で分かってる。カーボンデールで洋品店を営んでいる白人がいた。僕は大学の友人からお金を借りて、そこで要りもしない靴下やネクタイを買った。街ではそのエリアをブラブラしてたけど、お目当ては洋品店だけ。店主は親切な人で、よく歴史やスポーツの話をしてくれて、ツケで買わせてもくれた。けれども、そんな彼の存在をもってしても、人種隔離法を撤廃しようとしない白人への思いは変わらなかった。Negro のNを小文字で書く教師を注意しない教育委員会、下宿先から二マイルも離れた大学へ、バスもなく、歩いて通う女子学生のために女子寮を作ろうとしない大学。黒人男子寮はあった、確かに。しかし、それは僕らの大半がグラディエーターだったから。僕たちには監視がついた。僕たちの大学より黒人選手が多いチームとのフットボール試合観戦で、みんなよく相手校を応援せず観客席に座っていられたと思う。当然、黒人選手がボールを持つと、それが相手チームの黒人であっても、そのままエンドゾーンまで突っ走ることを期待した。観客席での僕たちは、黒人同士で固まって座っていた。白人に混ざって観戦すると、「見ろよ！　速いじゃねぇか！　あのニガー！」などと、後ろから白人の声が聞こえてくる。その選手が、白人選手のタックルを振りほどき、タッチダウンを決めると、さっきの白人観客に向かって言いたくなる。「もう一度言ってみろよ、ニガーって」。でも、言わない。

僕は大学での時間を無為に過ごしていて、学生に与えられる在学徴集延期の手続きもしなかった。結果、一九五四年に徴兵となり、軍隊ではどうなろうが知ったこっちゃないと思っていた。空想にふけるだけ。一日中ベッドで横になっている。一人ブルーのスエード靴を履き、隊列を乱し、敬礼は左手で。料理当番になれば、大きな深鍋に潜り込んでその中で寝る。食事担当の軍曹が来て鍋をけたたましく叩くが、時給最低賃金をもらうまで出ないと言い張る。そんなある日、大佐が査察に来て、僕がなぜ鍋の中にいるか訊いた。

「燻製牛肉がなくなったので、僕が代わりに昼飯になるつもりであります」

翌日、大佐の執務室に呼び出される。僕は敬礼を省略し、着席の許可も得ずに腰かける。大佐はあきれて首を振り、机に覆いかぶさるようにして言う。

「グレゴリー。お前は大層なコメディアンか仮病を使う怠け者のいずれかだ。今夜、集会所でタレントショーがある。出場して勝って来い。さもなければ軍法会議にかける。さぁ、失せろ！」

見事優勝！　僕はステージに立ってこの体制や、軍隊、駐屯地、将校たちのことをしゃべりまくった。ライフルなくせば八十五ドル請求してくるようなヤツら。だから海軍の船長は必ず船とともに沈むのだと述べ立てた。僕は次のタレントショーにも勝った。その次も。そしていつぞや、慰問部隊について行くように。

ランニングの訓練も続けていて、お陰でジム・エリスという親友を得ることができた。ジムは背の高いハンサムな中尉。ミシガン大学在学中、全米代表選手だった。軍隊ではフットボールをやっていて、全陸軍チームのハーフバック。よく将校の制服を貸してくれた。独身将校の宿舎にも泊めてくれた。二人して、フォートリー駐屯地界隈を彼の車で乗り回した。羽目も外した。お金がなくなると、リングル先生にコレクトコールを入れた。時には真夜中のこともあり、迷惑だっただろうけど、先生はいつも出てくれた。

芸に関しては、ある型ができつつあった。漫談の後、ボンゴを叩いてカリプソを歌うパターンだ。バージニア州のピーターズバーグでは、黒人が集う小さなクラブで働いた。長くて白い肌着姿で、頭にはカウボーイハット。顔には塗り物の口髭と揉み上げ。聴衆の気を引いたところで話し始める。もっぱらセントルイスの実家をネタに話した。あまりにも寒い家で、靴に雪をつけたまま入っても融けることなく床を濡らす心配なし、ベッドは混み合っていて、夜中にトイレに行く時はシオリを目印にしておかないと、戻った時にはもう場所を取られている、てな具合。ピーターズバーグでもそうだったが、軍隊でのショーにも、準備らしい準備はしなかった。一九五五年には、ニュージャージー州のフォート・ディックス駐屯地での全陸軍ショーへの出場資格を得た。各部門の勝者はエド・サリヴァンのテレビショーに出場できる。僕は敗れたけど、それでよかった。と言うより、それがベスト。一九五五年の時点で、あのショーに出ていたら身の破滅を招いていただろう。そもそも、ショービジネスのなんたるかを分かっていなかった。出場できたとしたらただのまぐれ。僕はその頃、身のほどをわきまえずに生意気だった。万が一あのショーに出演していたら、僕はなんの努力もしなかっただろう――後に切磋琢磨したようには。でも、がっかりしたことは確かで、一九五六年の春に除隊になった時、僕はショーを既にやめていた。どこへ行く当てもなかった。仕事もなかった。駐屯地を出る際、満期除隊用紙に自宅の住所を記入しなければならなかったが、そこには、イリノイ州カーボンデール南イリノイ大学と書いた。そこだけが僕の家のような気がして、戻ることにした。

大学に戻ると様子が変わっていた。新しい体育方針の元で、フットボールに重点が置かれていた。リングル先生は教員室の窓際に追いやられていた。僕はトラックチームに復帰したけれど、以前の熱意は失せていた。なんのために走っているのか分からなかった。夏季講習と秋の新学期の授業に登録こそしたけれど、勉強はせずに成績はひどいもんだった。大学に残る理由のないことを説明するより、ただ中退すると言う方が楽だったくらい。親しかった連中の大半は既に去っていた。秋を迎えると「リングル先生への十セント募金」という、先生を監督としてヘルシンキオリンピックに送り込む募金運動が始まっていた。先生は大学を離れることとなり、僕も去ることにした。

以前は、卒業証書なしに白人が支配する社会に入って行くのが怖かったが、もうそんなことなどどうでもいいと思うようになっていた。僕は既に世間というものを見た。白人の大学の白い卒業証書を持つ黒人が、タクシーの運転手をしているのを見た。郵便配達をしているのを見た。経理でオールAの成績を収めた黒人がデパートへ行き、そこで「残念ですが、今日は運搬人の採用はありません」と告げられるところを見た。あの白い紙切れは、白い顔とともにあって卒業証書になる。

そう考えていると、また僕の中のあのモンスターがうごめく。尻込みしてカーボンデールからやすやすと退散してなるものか。そして僕は電報を打つことにした——宛先はディック・グレゴリー様。

電報が届いた時、僕は寮で横になっていた。僕のカッコよさったら！　電報なんて一度も受け取ったことがなかったけれど、僕にとっては日常的なことのように振る舞って、横になったままでいた。ルームメートは大興奮。

「開けないの、グレグ？」

「読んでくれよ」

僕は電文を諳んじていた。**「メリーランド州、ボルティモアへ至急来られたし。初年度二万五千ドルの保証つき。署名　フランク・ダレサンドロ」**

「これって、ギャグ？」

「いや。フランクは軍隊仲間。オヤジさんがボルティモアの市長でね。僕だったら、いつでもショービジネスに引っ張ってくれるって言ってた。どうしたらいい、このオファー？」

ルームメートは駆け出した。電報を持った手を大きく振りながら、寮中の階段を行ったり来たりして叫んだ。発信局を確かめるヤツはいなかった。みんなが祝福しに来た。キャンパス中が大騒ぎ。僕は二日かけて、字が読めるヤツらにその電報をひけらかした――学長から競技場の掃除係まで。学部長も読んで、相談に乗ってくれた。「行きなさい」とのアドバイス。学部長が僕の肩に手を回し、二人で窓の外を見た。新しい学生会館の鍬入れをしていた。新会館建設キャンペーンは僕が率先して行った。その建設竣工を見ないでここを去る。

「ディック君。君はここでは、単なる一学生ではなかった。我が大学に新しい風を吹き込んでくれた。南イリノイ大学は、君から大切なものを得た。君がこの大学から人格を得たと同様に」

学友たちは送別会を開いて、幸運を願ってくれた。僕は気恥ずかしそうな素振りをしようとしたけど、うまくできなかった。みんなに嘘をついているのはほんの少しの間だけ、と自分に言い聞かせた。いつの日か、どこかで大ブレークするから。いつの日か、二万五千ドルの電報は真実になる。

その晩、僕はグレイハウンドバスのターミナルへ行って、シカゴまでの切符を買った。兄のプレスリーがシカゴで働いていたので、なにか仕事を紹介してくれると思った。見送りに来てくれた友人たちには、ボルティモアへの直行便に乗って、そこでショービジネスに就く前に、シカゴにいる彼女と前祝いがてら、しばし楽しくやるつもりだと言った。バスの窓からみんなに手を振ったとたん、あのモンスターが抜け出て行った。僕が知るみんなを置き去りにしていく気がした。「見ろよ！　ディック・グレゴリーが走るのを！」と声を上げるヤツはもういないと思った。僕はバスを停めてもらって、荷物を全部下ろす。キャンパスへ走って戻った――僕は泣いていた。

寮に戻ると、僕を信じてくれている嬉しそうな顔があった。また僕に握手をして、幸運を願ってくれた。彼らの期待に応えなければならない。彼らは既に英雄のように送り出してくれた。さようならも言った。僕は行かなければならない。「もうスターになりつつあるのに、バスなんかで帰るわけにいかない」と言い訳をでっち上げて、お金を借りた。みんなで夜行列車の駅まで見送りに来てくれた。

夜行列車から窓の外を見ると、この世で一番寂しいところにいる気がする。闇だけが素早く通り過ぎて行く。僕はポーターに電報を見せた。

「頑張れよ。みんな見てるから。見せてやるんだ、黒人の力を！」

僕は、持っていたお金を全てチップとして渡した。僕を信じてくれたささやかなお礼だった。

「……でも、あいつはまだ満足しなかった」

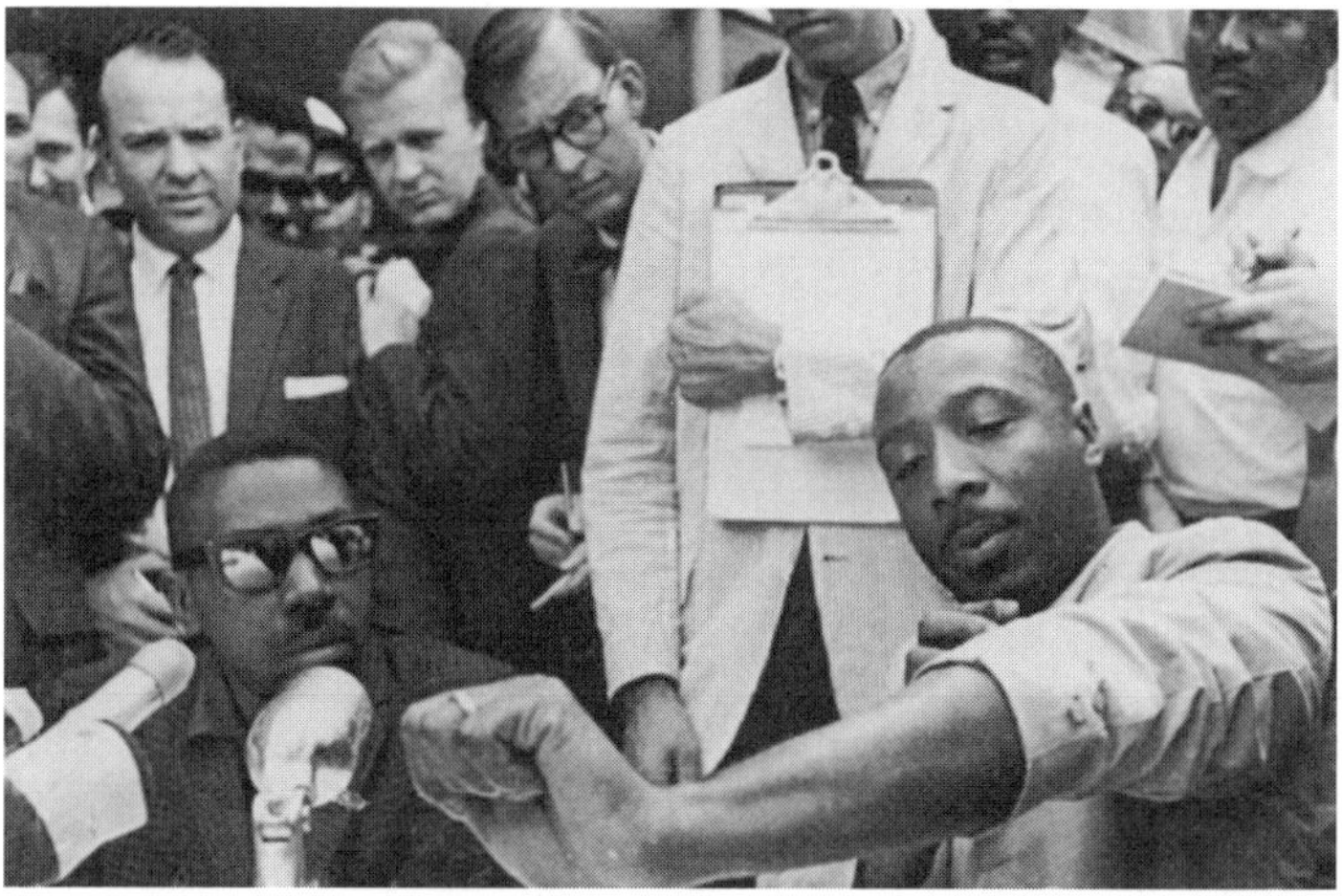

バーミングハムの監獄で受けた手荒な扱いについて記者に語る筆者

I

吹雪の中を空タンクで運転していると、メリーアンのお母さんは、スコッチが飲みたいと言っている。メリーアンは僕のガールフレンド。彼女のきょうだいも一緒で、お腹が空いたとわめいている。僕は狂ったように考える。手持ちは五ドル。今夜のドライブインは、映画が一ドルで観られる「一ドル・ナイト」のはず。どうすれば残り四ドルでいい恰好ができる？　ホットドックを買うには十分だ。でも、スコッチを買ったら無理。車は彼女の家のもの。「満タンにして」と言われたら到底足りなくなる。でもガス欠で動けなくなったらタクシーを呼ぶ羽目に……。

お母さんが言う。「ディック、止まってガソリンを入れないと……」

「ごもっとも。スタンドを探してるんですが……」。僕は道の両側にあるスタンドを通り過ぎながらそう答える。信号も無視。

「運がよければ警察に捕まるぞ！」。どの信号もそう言ってウインクしているようだ。それを無視し続けて進む。なにも起こらない。お巡りめ！　出てきて欲しい時に出てこない。

後ろにいる幼い四人きょうだいの一人が叫ぶ。「ガソリンスタンドだ！　あそこ！」

仕方なく車をポンプの脇につける。身を乗り出して言う。「満タンにしてくれ」
言うが早いか、車から飛び出して後ろへダッシュ。「一ドル分だけにしてくれ」
ガラス越しに中を見る。前の座席に座るお母さんが娘に向かってなにやら言っている。後ろでは四人が
腹ペコのお腹をさすっている。ディック・グレゴリーと出かける、ということでみんなは大はしゃぎ。大
物エンタテーナーたるディック・グレゴリー。シカゴのエスクァイア・ショーラウンジの司会者兼トップ
コメディアン。リトンでスーツを買い、マンションに住むディック・グレゴリー。
僕はひどく気分を害したふりをして車に戻る。
「どうしたの、ディック？」
「て言うか、あの男の態度が気に食わなくてね。ああいうヤツにはお金を使いたくないね」
「そうよ」とお母さんが頷く。「私も、昨日メリーアンにも言ってたの……」
やれやれ、なんとかメリーアンだけと話せたら分かってもらえるんだけど……。彼女には余計な見栄を
張らないで済む。でも家族の手前、恥ずかしい思いをさせてはいけない、絶対に。そもそも僕のファンは、
僕ほどの芸人が週三十ドルの稼ぎしかなく、服はドラッグストアで働く大家のツケを使わせてもらって購
入し、しかも住まいは地下室なんて知りたくもないだろう。
「冷えるわねぇ、本当に」とお母さん。
「もうすぐ着きますから。着いたら、温かいコーヒーを……」
「スコッチの方がはやく温まるわ、ディック」
「あっ、酒屋だ！　あそこに酒屋が！」と一人の子が叫んだ。

　「……でも、あいつはまだ満足しなかった」

うん、確かにある。広告がハイウエーをまたぐようにかかっている。この時とばかりに、神が天から吊るしたかのようだ。**「次のドライブインまで酒店はありません」**。誰にでも見える。それでも僕は辛そうに見る。

車を寄せて、外へ。僕はウイスキーを買ったことがない。カウンターに入っている男のところへ行く。その時、**「スコッチ特売日　一パイント一ドル二十五セント」**の文字が視界に入ってきた。助かった。メリーアンと僕は飲まないでお母さんに全部飲んでもらおう。僕は走って戻る。

「コップはなかったの?」とお母さん。

状況ヒッパク。残り二ドル五十セントになったところで、。新聞広告を読み間違えた不安が過る。しまった。今日は「一ドル・ナイト」じゃなかったかも。

車を切符売り場に寄せながら、僕は凍てつく寒さにもかかわらず冷や汗をかいていた。「一ドル・ナイト」じゃない!　嫌な予感はもはや確信に。

「一ドルいただきます」

「なに言ってんだ。新聞に一ドルって書いてあったぞ!」

「言いましたよ、今。一ドルって」

ホッとしたのもつかの間、再びパニックに。ドライブインで映画を観たのはたった一度だけ。それも二年前、大学にいた頃だ。どうすりゃいいんだ?　どこに車を停めるんだ?　スピーカーはどこで借りる?　ヒーターは?

「後ろが詰まってきててよ、ディック」

難なくできた。僕は得意になって、子供たちに残りのお金を全部渡し、ホットドッグと飲み物を買うように言った。一安心はしたものの、僕の胃はまだキリキリ痛かった。手は震えていた。ありがたいことに、みんな静かに映画を観ている。僕は目をつむって、そもそもどうやってここに辿りつけたのか、思い返していた。

カーボンデールからシカゴまでの列車の旅は短かったが、ここに着いてからの日々は長かった。プレスリーは転居先を知らせないで下宿先を出ていた。それでも、家主さんは僕がクリスマス期間中の郵便局の仕事が決まってホテルに移れるまで何日かいさせてくれた。郵便局では、ミシシッピ州宛ての郵便を外国の函に振り分けてばかりいた僕だけど、一月まで働かせてもらえた。シカゴでは友達を作れず、仕事にもありつけなかった。仕方なしに、行くあてもなく、駅へ向かった。途中で、ハイスクール時代のトラックチームのメンバーにばったり。風の強い四つ角に立って、身体は冷えていくばかりだったけれど、駅へ行かないで済むようにずっと話し続けた。大学のこと、軍隊のこと、ジム・エリス中尉のことを……。

「ジム・エリスってあのフットボール選手の？　『戦車のエリス』？　えっ！　昨日、パーティーがあって、彼の家に行ってたんだ」

「ジムはどこに住んでるんだ？」

「ワーバシ通り五十一、いや、五十三だったかな」

僕はすぐさま走り出した。

ジムが扉を開けた瞬間、僕のシカゴでの人生が始まった。ジムは、消息が分からなくなった兄弟に再会したかのように僕を迎え、彼が勤めるフォード航空機会社での仕事を世話してくれた。仕事を終えると、公園へ行き、春に控えたプロ選手発掘テストに備える彼と一緒にランニング。僕は走りに走った。アスリートだった頃のスイッチが入った気がした。ジムは僕にかなわなかった。彼はトラック選手ではなかったけれど、全米大学フットボールの代表選手に勝つのは気分がいい。ジムにはパーティー好きなイキな取り巻きがいて、僕は彼ら——とりわけ僕のことを気に入ってくれて、僕のジョークを面白がってくれる連中——とワイワイやるようになっていた。ジムが夏季キャンプに行ってからは、シカゴ大学のトラックチームと走ることにして、そこでも友達ができた。ハーバート・ジュベール、アイラ・マーチンソン。百ヤード走ではマーチが世界最速。既に輝かしい記録を数多く打ち立てていた。訪問販売員をしていたプレスリーともよく会うようになった。一番下の弟ロンにも。ロンはノートルダム大学のスターランナーになっていた。九月には、オゼルとウィリアム・アンダーウッドという若いカップルと一緒に新居へ。家には地下室があって、そこを僕に貸してくれた。彼らは僕を家族扱いしてくれた。フォード社での仕事は十月に打ち切りになったけれど、それはそれとして受け止めた。落ち込む時には、トラックのユニフォームを着て走った。やがて、早朝と夕方に走る、ハイスクール時代の習慣に戻った——通勤時間帯に合わせて。そう、僕の姿をいろんな人に見て欲しかったんだ。

その年はアンダーウッド夫妻と一緒に楽しいクリスマスを過ごした。セントルイスに電話して、ドロレスとガーランドとポーリーンに元気だと伝えた。列車に乗って、サウスベンドにいるロンに会いに行くようにとも。その後、一月になっても職はなく、失業手当をもらおうと思った。でも、失業手当の申請は生活保護の記憶を呼び覚ます。長い列に並ばされ、そのあげく、担当者に終始懐疑的な目で見られ、質問攻めに遭う——そんな苦痛な光景が目に入った。僕は憂うつになるばかり。そんな気分を撥ね除けたいと思っても、走る気になれない。時だけが無為に流れていくよう。途方に暮れて、どん詰まり。そんな中、一月も終わろうとしている土曜の夜、またあのモンスターがうごめいた。とあるナイトクラブで。

その晩、オゼルとウィリアムは友達を何人か呼んでいて、僕も誘ってくれたけど早めに失礼した。知らない人には会う気分になれなく、映画館で二本立てを観て、うろ覚えの道を何本か歩いた。ほどなく、行ったことのない南地区に入る。四つ角に差しかかると、こじんまりしたナイトクラブがあった。週末はジュークボックスと演芸が呼び物らしい。中を覗くと土曜の夜の嬉しそうな顔でいっぱい。入ってみるとコメディアンが司会をしていた。ネタは古く、しかも下ネタばかり。それでも、気がつくと僕も笑っていた。アパートを出た時の憂うつは消えていて、なぜそこにいるのか不思議にさえ思えた。ショーが終わると、僕は楽屋へ行って司会者に楽しかったと伝えた。あいさつ程度の言葉を交わし、僕もコメディアンだと明かした。有り金の最後の五ドルを渡すと、次のショーで彼の後に一コマ持たせてくれた。

彼は聴衆に向かって言った。「自分を面白いと言う男がいるんだ。登場してもらおうじゃないか！」

初めは緊張して面白くなかったけど、次第に調子づいてアドリブができた。なにを言ったか覚えてないけれど、少し笑いが取れた。司会者が出て来てマイクを取って言った。「実に面白い男だ。将来有望だよ、君は！」

皮肉にも聞こえたけれど、僕としては彼の下ネタの後にキレイなジョークで、控えめながらの笑いが取れたことに満足だった。

次の土曜の晩、僕は違う黒人ナイトクラブへ行った。エスクァイア・ショーラウンジ。司会者のフラッシュ・エバンズに五ドル握らせたら、バンドの最初のコマの後に演じさせてくれ、丁寧に紹介してくれた。結果は上々。気分も乗っていて、間合いもばっちり。聴衆もすっかり笑いモードに入っていた。

パンチの利いたジョークを素早く連発し、間断なく笑わせた。ネタは縮れ毛を真っ直ぐにする黒人、宇宙探査、マリファナ、人種融合政策、流行りのいかさま数当てくじ、みんなが憧れる白の大型キャデラック、街の「支配人」、僕のアホな従妹、義母、世界情勢など。終わると、ハンカチはグショグショ。タバコも全部吸ってなくなっていた。レースにたとえると、みんなをごぼう抜きにしてテープを切った気分。ステージを降りると、エスクァイアのオーナーが僕を劇場の隅に連れて行き、一杯飲めと勧める。ドケチなヤツで自腹を切らせやがった。そして彼は「二週後の新しいプログラムから司会をやらないか。金曜、土曜、日曜日。一晩十ドルでどうだ」と持ちかけてきた。僕は座ったままシミッタレを見続ける。彼を信用できなかった。そいつは同じ条件を繰り返す。僕は二週間後の初日までどうしのげばいいのか分からなかった。

ついにその日を迎えた——結果は散々。ゲストとしてステージに上がるのと、自分が司会をして演じるのとでは大違い。でも、毎晩笑ってもらわないと意味がない。即刻訓練開始。エスクァイアの人たちは新しい家族のようだったし、観客は僕が学級委員長だった頃の生徒たちのように思えたから、楽しかった。女性客は、まるで大物エンタテーナーかのように僕を見る。憧れていたのかも。他のエンタテーナーを知らない女性には、僕こそが大物芸人。そう、メリーアンみたいな娘にとっては——。

「ディック、起きて。映画、終わったわ」

「寝てなかったよ」。別の映画で主役を演じてたもんで、なんて言い訳をしたいところだけど、冗談を言う余裕はどこにもない。

エンジンをスタートさせた。ギアを入れたところで、タイヤがわめいた。動かない。ロー、セカンド、バック、再度ロー。ダメだ。雪にハマっている。車から出て、後ろへ回ってみると、両輪が氷と半分融けた雪の中でスピン状態。何台も同じ羽目になってる。そこには、ジーンズにブーツ、ジッパーだらけの革ジャンパーを着た、見るからに恐ろしい白人の男が七人いた。彼らが次から次に車をぬかるみから押し出していくのを、僕は眺めていた。タイヤを空回りさせている車のところへ行っては、彼らの一人が声をかける。「はい、お次はあんたね。五ドルだよ」。受け取ると、みんなで車を囲んでエンヤコラ。ゲートの外へと押してやっては次の車へ。先に押し出した車がハイウエーに出る手前でまた動かなくなると、はい、また五ドル。僕はスッカンピン。すごすごと車に戻る。

「お腹ぺこぺこ！」と四人の子供たち。早く帰ってあげないとまずい。またタイヤがわめく。

「あいよ、次の人！　五ドルだよ！」

「あっ、結構。自力で出られると思う」

前のガラスは曇って先が見えない。タイヤは空回りしてシャーシャー言うばかり。

「冷えるわ、すごく」とお母さん。「あの若者たちに押してもらったら？」

「いや、僕がやります。自然対人間の一騎打ちです」

「お腹、ぺこぺこだよ！」

「人は自然に打ち勝たねばなりません。雪との命をかけた闘いです」

「吹雪いてないし、ただの雪よ」

「敵は白い雪ですよ！」。気が利いた冗談だと思ったが誰も笑わない。タイヤは空回りを続ける。

「タイヤがすり減っちゃうわ！」とお母さん。ご立腹だ。

僕は車から出て、怖そうな白人にしぶしぶ近づく。車の中でメリーアン一家にバカにされるより、外の知らない連中にコケにされる方がマシだ。僕は彼らの前に立ち、一人一人の顔を見て言った。「全て順調だったんだけど、終わりでどんでん返しよ。あと一歩でサツをまくとか、これから銀行を襲いに行くってわけでもないのに、ここでこのザマだ……」

連中は静かに僕を取り囲んだ。動けなくなった他のドライバーたちが叫んでいる。クラクションが鳴る。札を手に、腕を大きく振っている人もいる。僕は革ジャンパーの男たちに事の顛末を話す。車は彼女と彼女のお母さんのもの。ガス欠で金欠。なけなしのお金でスコッチを買わされ、子供たちにはホットドッグ。ドライブインに入れたのは「一ドル・ナイト」だったから。男たちは顔を見合わせて頷いた。一番図体の大きい男が言った。「車に戻って窓を下ろしな。外からしっかりつかめるように」

屈強な男たちが押し始めた。僕はもう泣きそう。彼らは押す。どんどん押す――無二の親友を助けるかのように。百ヤード進み、そしてさらに百ヤード。もう雪にハマるところはない。切符売り場を通ってゲートから出る。ハイウエーに差しかかる。彼らは後ろで手を振っている。僕は窓から身を乗り出して、「ありがとうよ！」って軽く礼を言う――あたかも一人一人に五十ドルずつ渡したかのように。さぁ、ハイウエーに入った。膝元を見ると五ドル札が！　押している最中、あの中の誰かが窓越しに投げ入れてくれてた。

「ガソリン入れなきゃ」とメリーアンのお母さんに言う。「どれくらい入れましょうか？」

「家に帰れる分でいいわ」

僕はにっこり。笑いながらべそをかいている。そして冗談を飛ばす。キラキラ輝いて見えるガソリンタンクの脇に車を寄せる。従業員が駆けつけて来る。「満タンにしてくれ、満タンに。オイルのチェックもな！」

II

エスクァイア・ショーラウンジは、シカゴの南地区にある気さくなバーに直結する大きな長方形の部屋。簡易食堂でよく見かけるクロムのテーブルが並んでいて、椅子は赤いプラスチック製のもの。客はバーで瓶ごと飲み物を買い、グラスと紙バケツに入った氷はテーブルでもらう。サクランボも。赤い照明が部屋を照らし、壁画は色あせている。演芸が開催されるのは週末。司会と四人構成のバンドとシェイクダンサーがいて、たまにアマチュアの芸人がステージに立つ。客を呼んだのは、なんと言ってもギター・レッド。レッドは白子の黒人。エレキを演奏する彼は神がかっていた。足でも弾いた。シカゴ中から彼のギターを聴きに来た。土曜の夜は長蛇の列。でも、司会はこの僕。ギター・レッドを観たければ、まずは僕のトークを聞かなければならない。このショーは僕のショー。エスクァイア・ショーラウンジは僕のホーム、僕の競技場だと思っていた。

僕は週末のショーが始まる金曜日に照準を合わせて、毎日ネタを練り練習した。ノドの渇きとともに「やってやろうじゃないか!」と出番がくるのを待ち望んだのは、週ごとのレースに備えて毎日を過ごしたハイスクール以来だ。ただ、今度は誰かに勝つためにではなく、みんなを喜ばせるためのレース。修練の日々。コメディーのレコードや小噺の本を買い、テレビを観て、人の会話に耳を傾けた。図書館へ行っては、ユーモアについての、カビの生えたような本をあさった。そのうち、レコード盤を出すほどのコメディアンたちの独特なネタがどこから引っ張られてきたか分かるようになった。街へ出ては、稼ぎを使い果たすほど、本や雑誌を買いあさった。帰りには63通りとコテージ・グローブ通りの角にあるウォールグリーンズ商店に入ってネタ探し。外出しては、人の集まるどの街角でも聞き耳を立てた。知らない人に話しかけて、いろいろなアイデアやジョークを試してみた。オゼルとウィリアムは、夜を徹して僕のルーティーンを聞いてくれた。アイラ・マーチンソンとハーバート・ジュメールとジム・エリスは、僕のジョークのどれがよかったか、どれがボツか意見してくれた。パーティーへ行っては、だべりながらも新しいジョークをひねり出しておどけていた。反応がよければ、それを頭の引き出しにしまう。

　以前は、朝も昼も夜もランナーとしての肉体を作り上げることに余念がなかったけれど、今度は人を観察し対話をすることで、コメディアンとしての精神を鍛錬することに専念した。「エド・サリヴァン・ショー」や「ジャック・パー・ショー」はもちろんのこと、あらゆるコメディーを何時間もテレビで観た。古いコメディー映画も。ニュースのトークショー、メロドラマ、西部劇、シリーズもの。なにが人を笑わせるんだろう。人はなにを考えているんだろう。

　それからスターの観察。どんな風に演じる？　服装は？　僕は市内の大きな百貨店リトンへ出向き、自分は週に百ドル稼いでいて、もう四年の経験があると説明した。ようやく納得してもらい、オゼルとウィリアムのツケで服を調達した。新しい靴。新しいスーツ。新しいシャツ。ショーの合間ごとに着替える。常連の客にとっては、僕が彼らの知る最高のエンターテーナー。それなりの身なりが必要だ。稼ぎの全てを洗濯やアイロン代、レコードと本の購入に費やした。僕の芸は未熟。あらゆる角度から磨き上げなければならなかった。なにかに取り憑かれたように、どうすれば客にウケるか模索した。

するとまた、「見ろ、あのグレゴリーを！」とみんなが騒ぐようになった。それはトラックを走っている時に聞いた称賛よりも意味があった。僕だけに向けられた称賛だったから。ステージでは僕が勝つことで負けてしまうヤツがいないから。ショーの合間には、テーブルを回って客と握手を交わした。多くの女性客との出会いもあった。何人かとはデートもした。僕は自分なりのルールも作った。男性と来ていながらも、僕に色目を使う女性のテーブルに行くべからず。我が給金はわずかなもので——その額は彼が知る由もないが——そのわずかな一部でも、彼が払ってくれている。彼の連れ合いのいるテーブルに行かないのは、彼に対するリスペクトだ。クラブにいる間、彼は連れの女性と楽しいひと時を味わう権利がある。観客がステージに投げ込むお金を拾ってはいけない。僕は大物エンターテーナー。壇上には、僕がその週に稼ぐ以上の金銭が転がっていることもあるが、それを欲しがっている素振りすら見せてはいけない。僕は大物エンタテーナー。中には、自分と連れの友人たちを壇上から紹介して欲しい、と言ってお金を握らせようとする客がいるけど、僕がそのような金を受け取るヤツと知ったら、彼からのリスペクトを失う。

その点では、労働者階級の人が集う小さなナイトクラブも、街の立派なクラブも同じだ。受けるリスペクトに変わりはない。小さなクラブでも、ステージに立つ芸人は、観客にとってはおそらく最高のエンタテーナー。僕以上の大物を知らないのだから。先人のトップスターたちが、魅力溢れるショーのイメージ創りをしてきてくれたおかげで、無名の芸人もちゃんとリスペクトされるお膳立てができている。だから、芸を磨くのはもちろんのこと、振る舞いにも、身だしなみにも気をつけなければならない。俺はどうせ場末のクラブの芸人、スーツにアイロンがけは不要、シワくちゃのスーツ、キレのない芸、適当な作法でもへいちゃら……なんて絶対思ってはいけない。場末のクラブであれ、ステージに立つ者はその時、ミルトン・バール、ボブ・ホープ、サミー・デービス、ニプシー・ラッセルら、大スターに匹敵する存在だ。小さな池の中の大きな魚だ。

ある日曜のこと。午後のショーが終わると、観客席から女性が歩み寄って来て、「あといくつかサインが欲しいので、またテーブルへ来ていただけませんか。妹たちに会って欲しいので」と言った。僕は快諾した。人には感じよく、礼儀正しく接しなければならない。いつ何時、伴侶となる人に巡り合うかもしれないから。

テーブルへ行くと、興奮気味に、しかし、気恥ずかしそうにしている若い女性がいた。ナプキンを千切れんばかりに絞っていて、恥ずかしさを笑いで隠していた。僕が座ると、まるで奇跡が起きたかのような驚きよう。彼女にとって、初めてのナイトクラブ。オハイオ州のウィラードという小さな街出身の娘、リリアン・スミス。愛称はリルだ。シカゴ大学で秘書をしているとのこと。

「シカゴ大で秘書？　冗談でしょ？」

「いいえ、って言うか、はい、秘書してます。本当に」

「僕は、あそこの運動場でほとんど毎日走ってるんだ。いつか一緒にお昼でも……」

彼女は首をすぼめて笑った。「まさか……」

「じゃ、こうしよう、リリアン。電話番号ちょうだい、電話するから。で、いつにするか言うから」

彼女は緊張のあまり、何度も鉛筆の先で紙を破ってしまった。僕はその紙を丸めてポケットにしまった。

リリアン・スミスはその後のショーも、そして夜のショーも観てくれた。僕を一心に見続けていて、その目は「ウィラードに帰って、みんなにあのディック・グレゴリーと話したと言っても誰も信じてくれないでしょう」と言っているようだった。その夜、ガールフレンドとクラブを出る際に、リリアンのところへ行って、「じゃ、気をつけて」と言った。電話をすると言ったら、全然信じてくれなかったから、びっくりさせてやろうと思った。

その夜、オゼルとウィリアムの家に帰り、ベッドに横になりながら、僕を見上げ続けていたリリアンの顔を思い出していた――ナイトクラブには似つかわない、柔和で小作りな幼顔を。ふと、もしもママがナイトクラブに行ったら、きっとリリアンのような顔をしてショーを観ていただろうと思った。その晩ママの夢を見た。僕は子供の頃のリチャード。ママは電車を降りて、家に駆け込んで言う。「リチャード！リチャード！　今日はショーの大スターとしゃべったわ！　ハリー・ベラフォンテとよ！　信じられて？ハリー・ベラフォンテよ！」。「まさか」。「本当よ！　電話してくれるって言ったわ！」。翌朝、リリアンに電話した。受話器の向こうに彼女の表情が見えるよう。昼食を一緒にとろう、また電話する、と伝えただけだったけど。

それは一九五八年の四月半ば頃。リリアンとはまだ二、三回しか会っていなかった。彼女があまりの恥ずかしがりで、なにを話題にすればいいのか分からなく、間が持てなかった。そんな僕でも、エスクァイアではどんどん腕を上げていた。さらに努力を重ね、ショーの後、他の芸人が通うバーやレストランに行けるようにと、夜型人間になった。彼らのショーを観る金銭的な余裕はなかったけれど、コーヒーかなにかを飲みながら、彼らの話を聞き、僕の話も聞いてもらった。僕を全く知らない人たちのいるところへも

「……でも、あいつはまだ満足しなかった」

行った。そんな時、僕は自分に言い聞かせた。いつかこの人たちも、僕を見たら振り返って、「やあ、グレグ」と挨拶してくれるようになるだろうと。

僕はエスクァイアでは名が通っていた。そこの観客は言わば僕のタニマチ。ギター・レッドやポール・バスコームのバンドやシェイクダンサーを目当てに来るだけではなく、僕のことも観に来るようになった。ショーの司会をして、ポールのバンドに加わりボンゴを叩き、僕のコマがあって、さらに司会を続ける。常に時間に気を配り、全てが順調にいくように取り計らった——パトロールボーイや学級委員長をしていた時のように。ショーが跳ねると、芸人行きつけのレストランで食事をして、少し寝る。日中はネタを練り、本を読み、ラジオやレコードを聴いた。僕のルーティーンを聞いてくれる人になら、誰彼かまわず試した。頑張りすぎたせいか、夏になって、黄疸にかかった。入院したその日に、仕事中のリリアンに電話した。一カ月以上連絡していなかったのに、親身になって心配してくれた。ママと話している気がした。

六週間の入院。エスクァイアでの週末の仕事ができなく、イライラが募った。でもその間、自分が歩んできた道をゆっくり振り返ることができた。これから目指す道のことも。トラックのことを考え、リングル先生のことを考えた。先生は言っていた——スピーチや音楽の授業を取って、ショービジネスでの仕事に備えるようにと。先生は見越していた。僕の額の真ん中に星が見えると言っていたあの老婆も。僕はずっとこの道を突き進んで行こう。

多くの人が見舞いに来てくれた。友達、芸人仲間、エスクァイアのお客さん。女の子たちまで。騒々しいくらいだった。みんなが帰った後、隅にリリアンが恥ずかしそうに立っている。初めて来てくれた時には、お菓子とブドウを持って来てくれた。退役軍人とその家族専用のVA病院。食べ物などの持ち込みは禁止だ。リリアンは、警備員のいる正面玄関のデスクを通る際、それを隠さないで通って来たに違いない。なぜか警備員に止められることもなく、質問されることもなく、どこにでもすんなり入って行ける人がいるもんだ。リリアンは、心配そうな目をして隅に立っていただけ。会話が続かない。極端なほどの恥ずかしがり屋さんに、なにをどう話せばいいのか分からなかった。リリアンは面会時間が過ぎると、また来ていいかと訊いた。夜の面会には遠すぎるから、もう来てはいけないと言った。彼女の目に涙が溜まった。来て欲しくないからではない、ただあまりにも遠いからだと説得した。彼女は、次に来る時には、なにを持って来て欲しいか訊いた。ならばなにか読み物を。

彼女は、ライフ、タイム、ニューズウィーク、ルック、サタデー・イブニング・ポストと、リーダーズダイジェストを持って来た。どれも僕が常日頃読みたいと思っていた雑誌だ。世上を知るための必読書だけど、買うお金がなかった。タバコも二カートン持って来てくれた。二カートンものタバコが僕の身の回りにあった試しはない。彼女はそれらを全部、引き出しにしまってくれて、わずかな時間だったが、僕も、彼女も会話を試みた。面会時間が終わるので、帰るように言った。彼女が帰った後、タバコを吸おうと引き出しを開けたら、十セント硬貨の筒が二本あった。電話用とタバコ代。さらに五ドルや十ドル紙幣などで百ドル。僕は五回数えた。信じられない。ママが金持ちだったら、リリアンと同じことをしていた気がする。三日間の外出許可を得た時には、リリアンを映画に連れて行った。天にも昇りそうなくらい、彼女は喜んでくれた。

退院するとすぐに仕事に戻った。金曜の晩、僕がステージに歩み出ると、観客は総立ちになって手を叩き大声援を送ってくれた。堤防決壊から無事帰った時のご近所さんのお祭り騒ぎ、プロムへ行く前の彼らの興奮、ウッドリバーでのレースや四年生の時のスピーチ後の熱狂が走馬灯のように蘇ってくるようだった。その声援は、グラディエーターたる僕を応援しているものではなく、「イヤー、戻って来てくれたんだ！　ありがとう！　待ってたぞ！　どうだった、入院生活は？」というもの。ショーの出来栄えは完璧。ネタは病院、看護婦、医師、患者たち。終えるとみんな寄って来て、「また来週も来る」、「お見舞いのカードを書きたかったけど、住所が分からなくて……」と声をかけてくれる。お世辞にではなく、本心から。花束ももらった。その秋、僕はエンジン全開で、ショーはよくなるばかり。開場を待つ人の列も長くなった。僕だけを観に来る人も増えた。リリアンとデートを重ねるようになって、よく僕のショーを観に来てもらった。僕たちはショーのことを話し、彼女は大学で僕の原稿をタイプしてくれた。エスクァイアでは既にスターになっていたので、そろそろ昇給があってもいいのではないか、とオーナーたちにかけ合った。一年近く経っていて、毎回大入り満員。二ドル上げてくれないとやめると言った。昇給はなかった。

エスクァイアを退くと、大学をやめてどこへも行く当てがなくなった時に感じたお腹の中でチョウチョが飛ぶ、あのヘンな気持ちになった。なにもかもが、誰もが、過ぎ去ってしまった気がした。十二月はもっぱら家で寝そべって本を読んだり、テレビを観たり。クリスマスが近づくと、自分はまだエンターテーナーだという自覚を失わないために、何回かチャリティーショーに出た。そこで、イリノイ州のロビンズに空きのナイトクラブがあって、借主を探していると聞いた。持ち主はサリー・ウェルズという婦人。僕は早速電話した。賃料は一晩六十五ドルとのこと。僕は、話を進めに行くから、それまで押さえておいて欲しいと言って電話を切った。

翌日、アイラ・マーチンソンが車で連れて行ってくれた。十九マイルの道のり。僕はその間ずっと話し続けた。僕のナイトクラブ。僕の好きなようにできるナイトクラブ。誰の指図も受けなくていい。内容は、より時事的なものにする。下ネタは避ける。オーナーとしてのリスペクトを得る。エンターテーナーとしても。芸をもっと磨く。みんなの待遇をよくする。良質のコメディーを提供する雰囲気を創る。みんなハッピーになる。アイラは静かに聞いていただけ。なにを担保にお金を借りるのかさえ訊かなかった。

サリー・ウェルズは七十すぎの婦人。彼女の所有するエイペクスクラブなるものは、世界中のどこを探してもないほどのみすぼらしいクラブ。小さく、埃だらけで、歩けばキシむガランとした部屋だった。化け物が出るのではないかと思った。三人で部屋のあちこちを覗き込んでいると、ウェルズ夫人が急にアイラの方へ向き直り、目を輝かせて言った。

「あなたは海外に行ってたでしょ」。謎めいた口調だ。「また、行くことになるわよ」

「行ってましたよ。どうやってそれを?」とアイラ。彼はアメリカの代表選手として、モスクワでの陸上大会に出場したことがあり、海外遠征を控えていた。

婦人は僕を見た。二十年前、ママと会いに行った老婆の霊能力者から、僕の額の真ん中に星が見えると言われた時の不思議な気分になった。

「あなたは小さな茶色の鞄を手に、この国の端から端まで飛び回っている。それが見える」とウェルズ婦人。

僕は感心するばかり。なぜか、トップコメディアンはみんなネタを革製の茶色のブリーフケースに入れていると僕はずっと思っていた。

「近く結婚するのも見えるわ」

「……でも、あいつはまだ満足しなかった」

「それはありません。まずは恋をしなければなりませんから」

婦人は首を振った。「いや、近く結婚します」

商談を成立させたかった僕は、冗談を言ってお茶を濁した。膝を突き合わせて取り決めについて話した。金、土、日の週末に借りるのに百六十八ドル支払う。加えて保険料、ライセンス料、清掃、電気、水道と税金。アイラとロビンズの街を出て、シカゴへ戻るために北上した時には、ディック・グレゴリーのクラブは開業に向けて商売を始めていた。

まずは、既にかなり親しくなっていたリリアンから八百ドル借りた。彼女こそ、困った時の切り札。そして、シカゴの白人紙と黒人紙の新聞社、全て残らず回って広告を出した。ロビンズまでの行き方が印刷されたほどよいサイズの広告を大きな新聞社に出してもらうには一回六十五ドル。クラブは一流にしたかったので、それに見合うグラス、テーブル、椅子を調達した。仲間のエンタテーナーを訪ね、バンドや他の芸人を雇った。車も必要だったが、それはメリーアンに借りた。彼女にキャッシャーの元締めを頼んだら、大喜び。他にも知っている女性をウエートレスとして採用した。それから、ウイスキーの仕入れ。アルコールはあまり飲まなかったので、なにを注文すればよいのか分らなかったが、普通の人がウイスキーについて一生かけて得る知識よりも多くのことを二週間で学んだ。スコッチ、バーボン、ジン、ウオッツカ、ライ、ブランデー。それに、どの種類にもいろいろなブランドがあることも。63通りとローレンス通りの角の酒店のオーナーに無理を言い、最初の週末は、千ドル相当のウイスキーを用意してもらうことに。フタを開けた分だけ支払い、残りは返品する。クラブが繁盛したら、ウイスキー類は全て彼のところから取り寄せるという条件。そうなると、現金で調達しなければいけないのはビールとソーダだけ。

一月。クラブオープンの金曜日到来。こまごまとしたものを車に積んで、ロビンズへ向かった。開場まであと数時間。途中で釣銭用の小銭のないことに気づく。引き返して家主のオゼルに、勤務先のドラッグストアの店主から、五セントと十セント硬貨を百ドル分貸してもらうよう頼んだ。彼女は、百ドル分の銀食器を担保にすると約束させられた。途中でまた、ビール用とドリンク用の氷を忘れていることに気づいた。再び逆戻り。出発すると、今度はレモン。そして、ウエートレスを二人拾う。それに車を貸してくれたメリーアンを。

僕は七時にエイペクスクラブのドアを開けた。ふんぞり返ってニタリと笑った。観客が押し合いへし合いながら、我先に入って来る様をしっかり目に焼きつけておこう。九時になっても客は四人。たいそう行き届いたサービスを受けていた。十時になって、十二、三人。その多くは仲間。でも十一時頃までには、客席は半分以上埋まり、僕はすっかりナイトクラブのオーナー気分。とは言うものの、生涯を通して、その晩ほど必死に働いたことはなかった。

動いたこと！　走りまくったこと！　一コマを任せてある芸人たちがまだ来てない……ダッシュして外へ電話をかけに……バンドの紹介だ……ネクタイなしの客が入って来る……追い出す……釣銭がなくなる……かき集める……歌手の紹介……レモンが足りない……ネクタイなしの男が戻って来る。また追い出す……ダンサーの紹介……客が文句を言っている……説得して納得させる……レジの引き出しが引っかかって開け閉めができない……直す……シャレた飲み物が欲しいと言う客がいる……ミントのリキュールを買いに……ギタリストの紹介……グラスがキレイに洗えてなく、キッチンに差し戻す。そしてウエートレスを叱りつける……ネクタイなしの男がしつこい。一本持って来てやるように言う……喧嘩が始まる。すぐさま止めに入る……また小銭が足りない……釣銭をごまかされたとわめく客。嘘だ。でも結局渡す……自分の出番だ。大ウケ……また喧嘩だ。なだめに入ってヤツらにおごる……レジが開かない……釣銭切れ……レモンも……釣銭だ、両替だ……閉店時間。みんなに帰ってもらう……ウイスキー瓶を数える……金を数える……ビールをケースに戻す……コーラも……全部車に積む。盗まれたらご破算、店に残しておけない……シカゴへ戻る……疲れすぎて荷物を部屋に運べない……車で睡眠。

土曜の夜は満席。にぎやかな客が劇場を埋めた。興奮の度合いは金曜の夜の倍。僕の忙しさは十倍くらい。営業は見事だった。自分のショーは二回。ウケた。ネタは新聞で読んだ時事的なものがほとんど。閉店すると、レジには千二百ドル。信じられなかった。疲れすぎていて、開店したのか閉店したのかも分からなかった。でも千二百ドル稼いだことだけは確か。日曜の昼夜興行の入りも悪くなかった。

月曜の朝、僕は翌週の広告と賃料をかき集めるために、質屋や友人のところへ。未払いの勘定を精算すると、千二百ドルはすぐに消えた。最初の週末にステージに立ったエンターテーナーで、給金が支払えたのはバンドの連中にだけ。払わなければ、彼らが所属している組合の連中が来て店を畳む羽目に。でも借金は千ドルを割っていて、全て順調に運んでいた。二週目の週末を終えたら、借金はほとんど精算できている計算だ。勘定を手伝ってくれる誰かを雇わなければ……。その分のお金は除けてある。次の金曜日。雪が三十センチ積もって、客は三人だった。

その晩、僕はクラブの後ろの方に立っていた。そして、こう誓った。もし僕が売れっ子になってよそのクラブで演じることになり、竜巻かハリケーンかブリザードやらの悪天候で客が誰も来なくても、一セントたりとも報酬を受け取るまい。そんなことをしばらく思い続けた。その夜は暇だったから。うん、その

「……でも、あいつはまだ満足しなかった」

考え方はいい。そうだグレグ。オーナーとしてはまっとうな考えだ。でも、忘れるな。エスクァイアで、一週十ドルで働いていた頃、お前は客が来ない悪天候の晩にも行ってたじゃないか。自分が使う金のためにではなく、家賃を捻出するために。

土曜日にはさらに二十センチの雪が積もった。ミゾレも降った。ハイウエーは渋滞した。ロビンズはシカゴ市内から十九マイル。客は二十人。日曜日も二十人。雪はさらに五センチ積もった。シカゴが直面した最悪の冬が始まったばかりだった。三週目も四週目も雪、ミゾレ、ヒョウ、そして冷たい雨に見舞われた。観客より従業員の方が多い夜が続く。「天候は回復するから」、「じきに絶対流行るから」、「未払いの給料は必ず渡すから」、「手当におまけがついてくるから」という約束が女性従業員への支払い。彼女たちは僕を信じてくれた。僕は営業を続けられるよう、さらにお金を借りた。金になるものは全て質入れに。あまり飲もうとしないバンドマンたちに腹が立つ。彼らは稼ぎをクラブに落とさなかった。酒店の店主は、返品の多いことに不満を漏らし始める。僕は独りでなんとかしようと、夜を一パイントのジンで迎え、さらにウオツカ、バーボン、スコッチを飲んだ。ビールは六缶。そしてソーダ類をガブガブ。なくなると、道を渡ったところの小さな酒店へ行ってもっと買った。買いに行かなくて済む晩もあったが、賃料は払い続けなければならない。広告も出し続けた。借金まみれで、まともな判断ができなくなっていた。

一九五九年一月二十九日。また切り札を使うことに。僕のお金持ちの彼女。リリアンは終始親切だったが、申し訳なさそうに、三百ドルしか用立てできないと言った。既に大学の仕事をやめていてシカゴを去るとのこと。理由を聞き出すのに、二度も「なぜ?」と訊いた。

「赤ちゃんができたの」

氷水をバケツ一杯、剝き出しのハラワタの上に浴びせられた気がした。この切羽詰まった時に赤ん坊！　このたうち回っている時に！　金もなく、家もないこの僕に？　僕がずっと苦しめられてきた貧乏暮らしを我が子にも味わわせるのか？　あぁ、赤ん坊はご免こうむりたい……。

僕たちは話し合った。そしていろいろ訊いてみた。彼女はお金持ちなんかじゃなかった。大学へ行くために貯めていたけれど一年で退学。お金は銀行に入れたままだったけれど、そのほとんどを僕に融通していた。今は妊娠四カ月。妊娠を知って大分経つけれど、「グレグが仕事に追われているようだったので、わずらわせてはいけないと……」と打ち明けた。もう彼女の声が耳に入ってこない。僕は他のことを考えている。グレゴリー家の子供はみんな貧しく、みすぼらしく、下卑た子供たちで、ビッグプレズと同じくらいしようもないヤツらだが、みんな名前だけはある――ビッグプレズがつけてくれた名前が。

僕はリリアンに――その頃はリルと呼ぶようになっていた――結婚してくれないかと頼んだ。

リルは断った。足手まといになりたくないと言う。

「僕と結婚するんだ」。今度は頼まない。言いつけた。

金曜日に血液検査をして婚姻登録の費用を払い、一九五九年二月二日、僕たちは結婚した。あの老婦人、ウェルズさんは正しかった。

月曜の真夜中、リルと僕はグレイハウンドバスに乗ってセントルイスへ向かった。三百マイルの道のり。一晩中ミゾレが降っていた。僕はリルに、全てうまく行く、天候も回復するし、クラブも流行る。そしたら、シカゴへ呼び戻す。夫らしく、父親らしくする。そう言った。

リルは気丈だった。今まで行ったことがなく、彼女を知る人のいない土地へ行く。会ったこともない、その存在すら知らなかった人たちと住むのだ。僕はその時、これから彼女がどれだけ辛い思いをするのか、想像だにしなかった。

セントルイスに着いた火曜日の天気は最悪。雨、雪、そしてミゾレが叩きつけていた。バスは運行せず、タクシーもなし。保険会社は、その日の車の保障は対象外になると発表した。やっと白タクをつかまえ、妹のドロレスが三人の子供と暮らしている団地へ。ドロレスは旦那と別居していて、ウエートレスをしていた。彼女も苦しい生活を送っている。それでも、リルを快く迎え入れて、親切にしてくれた。僕は他のきょうだいたちの何人かとも会って、リルをよろしくと頼み、リルと少し話をしてシカゴへ戻った。そして再びエイペクスクラブへ。

Ⅲ

ナイトクラブを生業としていて、六カ月もの間、一セントの稼ぎもないことなどあり得ない。絶対に。その絶対にあり得ないことが、僕に起こってしまった。

頑張れば頑張るほど、天気は悪くなるばかり。そんな気がした。二月と三月には、水曜日に晴れて暖かくなる週もあった。そんな時、僕はまだ一度も給料を払っていないウエートレスたち、僕に代わって銀行へ行って借金してくれた友人、そして酒代を拠出しようと他の仕事まで始めたレジの元締めに、「言った通りだろ！　今週末だぞ、すごいことが起こるのは！」と言ってやった。そしてドカ雪とミゾレの金曜日。気温は氷点下一〇度。夜になると疲れ果て、混乱して、半ば気が狂ったのではないかと思う時もあった。冬という季節は神が僕だけに創った、我が精神を試すためのとんでもないいたずらなのではないかと。

僕はステージに立ってジョークを飛ばし、それに輪をかけて面白いことを言った――下のサイドテーブルで待っている借金取りへの言い訳は考えないようにしながら。三月になると、もう広告を出す余裕がなかった。オゼルとウィリアムに払う家賃も滞った。サリー・ウェルズさんに払うクラブの賃料も。オゼルとウィリアムは僕のせいで、さらなる借金に喘ぐようになった。電気、水道、営業免許、そして税金。ウエルズさんは請求書を僕の目の前に次々と並べた。芸人たちも長いこと報酬を受け取っていないため、文句を言い、お互いいがみ合うようになった。コンビを組んでいた夫婦は別れるし、女性歌手はボーイフレンドと喧嘩ばかり。僕がこの人たちに与えられたのはタダ酒と淡い希望だけ。その希望も薄れるばかり。友人たちは僕が酒屋に払うお金を集めようと、自分の服を質に入れた。そして、僕の頭の片隅にはいつも、五月までにはこの状況をなんとかせねばという思いがあった。さもないと赤ん坊は市営病院で生まれる羽目に。通りの向こうの酒店へ走り、さらに一本小瓶を開けてグイとやる夜がいく度となくあったが、店の前を素通りして角を曲がり、レースでしていた時のように、軽く頭を下げ、膝を上げ、街灯柱をフラッグポールに見立てて敬礼して、そのままどこかへ走り去ってしまおうと思った。走って、走って、走り続けるのだ。グレグ、ひたすら走り続けるのだ。

リルへは一セントの送金もできなかった。そして、四月を待たずに、セントルイスに電話するお金もなくなった。オゼルとウィリアム夫妻の電話も料金未払いで止められた。

友人の何人かは僕に背を向けた。自業自得。五百ドル調達して来てくれた友人は、給料が差し押さえになっていて、その上、職も失いかけている。そんな彼にいつまでも「明日まで待って」はないだろう。三人の子持ちのセルマ・イズベルにもそれは言えない。彼女は明日にでもアパートから追い出されるかもしれないのだ。持ち物を質に入れてまでお金の工面をしてくれた人たちにもそうは言えない——預けた品が流れそうになっているのに。それでも、僕は「明日まで」、「来週まで」と言わざるを得なかった。そして、その「明日」、「来週」がくると、またいつもの言い訳を繰り返す。「雪はじきに融ける」、「お天道様が出て、エイペクスクラブにはまた大勢の客が来る」、「大賑わいする」、「明日はきっと」、「来週はきっと」。オゼルが病気で、ウィリアムが職にあぶれている時でも同じことを言う。ウエートレスたちの子供はみんな、お腹を空かしている。友人に殴られ、床に倒れてしまっても同じことを言う。顔面に二つ目のパンチを喰らいそうなのに、手で顔を覆う気力も失せている時にも「明日」、「来週」と吐き出す。僕はただそこに横たわったまま、死んでしまいたかった。でも、死神にすら見放されていると分かっていた。それに、最悪な立場に置かれているこの僕なんかより、リリアンはその何倍もの辛酸をなめているはず。右も左も分からない街で知らない人と暮らし、赤ん坊を産むのだ。その子の父親は電話すらしてこない……。

五月の第二週の晩だった。拳銃を持った男がクラブに入って来た。六人いた客は飛び上がり、一目散に逃げた。男は銃口をレジにいた女性に向け、テーブルの周りの椅子を蹴散らしながら彼女に近づいて行く。ウエートレスたちやバンドの連中は、身をペシャンコにして、壁に張りついたまま凍っている。僕はステージから駆け下り、男に近づいて真っすぐ目を見た。

「旦那ねぇ。あんたは俺がどんな窮地に立たされているか、どんな目に遭ってきたか知ったら、銃じゃなく金を持って来るよ」

男は気違いを見る目で僕を見た。退《ど》け、と銃で合図した。退かなかった。僕はイカれていた。「旦那。今晩、あんたか俺のどちらかは死ぬ。俺は冬からずっと悲惨な目に遭ってるんだ。ずーっとね。この窮状から解放されるには、その引き金を引いてもらうしかない。神様だって俺の命を奪えなかったんだ。頑張ってはくれたけど」

男は僕を見据えて首を振った。彼自身、どん底を見てきたのだろう。彼は銃を収めて謝り、背を向けて出て行った。

その週、僕はなんとかお金をかき集め、アンダーウッド夫妻の電話をまた繋げてもらった。最初の電話はドロレスから。赤ん坊はあと一週間で生まれる。検査のために、リルを市営病院へ連れて行ってくれたとのこと。僕は受話器を置いた。「あと一カ月ほど待ってくれ。天気がよくなるから。そうなれば、客はロビンズまで足を運んでくれる。そうしたら、ちゃんと準備できるから」——もう言い訳をする人すらいない。僕は電話のそばにただ座っていた。

その日僕は、今まで避け続けていたパット・トゥーミーという友人を訪ねた。「君に借金が残っているけど、まだ返してない。でも、お金を借りる際、二通りの借り方があると思う。お願いするか、ただ窮状を訴えるかだ。僕は困ってる。セントルイスまでのバス代がない。片道すら。来週赤ん坊が生まれるんだ」

「お前、結婚してたのか！　知らなかったなぁ」

「まだ誰も知らない」

パットはお金を渡してくれた。僕はセントルイスに直行。着いてすぐに三マイル先の赤十字の事務所まで歩いた。フロントで名前を告げ、待合室の椅子に座る。待っている間、職員たちが机に向かって仕事をしているのを見ていた。感じのいい白髪の婦人がいて、僕は彼女に対応して欲しいと思った。実に優しそうな人だ。彼女なら分かってくれる。かけ合ってみよう。リリアンには、個人病院でお産させてあげたいから、そのお金を貸してもらいたい。貸してくれたら、僕が一生涯で稼ぐお金の半分は赤十字に入れる。来週、天気になったらクラブは繁盛する。こんな分のいい取引はないはず。断れないでしょう、と。

「グレゴリーさん？」。端にいた男性職員に呼ばれた。

シカゴでナイトクラブを経営していて、エンタテーナーでもある自分は一時的に破産状態、しかも来週には赤ん坊が生まれると説明した。

「グレゴリーさん、ご存じですか？　セントルイス市には立派な市営病院がありましてね。奥様をそこへお連れになってはいかがでしょう。心配ないですよ。住所をお渡ししましょう」

住所は分かっている、とは言わなかった。その立派な病院の医師に顔を叩かれた日だって覚えている、その医師はママを口汚く罵ったとも。入院費を貸して欲しいとすがって頼もうと思っていたこの男に、赤ん坊は市営病院で生まれて欲しくないなんて、説明のしようがなかった。

「ありがとうございました。おっしゃる通りです。お手数をおかけしました」

僕は赤十字事務所を出た。祈る気持ちであれこれ考えながら、そのブロックの周りを歩き続けていると、ふと思いつく。僕は走り出していた。ロナルドがノートルダム大学にいた頃ヘルニアを患ったが、その際、無料で手術をしてくれたセントルイスの医師がいた。僕は電話ボックスに駆け込んで、その医師の名を思いつくまで電話帳をめくった。医師は隣の地区で開業していた。僕はただちに駆けつけた。医院の前を二時間、行ったり来たり。知らない白人の医師にお願いするには勇気を要したが、意を決して、医院に入った。医師は優しい笑顔で迎えてくれた。

「ディック・グレゴリーと申します。ロン・グレゴリーの兄です……」

「あぁ、あのロン君の！　覚えているとも、ロン君。一マイル走に勝ったあの日ね……」

座って話し出すと会話が弾み、ノートルダム大学には自分の手で創り上げたかのような思い入れがあり、ロンには僕の魂が宿っているほど近しい弟だ、と語った。話が尽きると、次から次へ話題を変えた。それまで面識がなかった白人への無理なお願いは、後回しにしたかった。彼は、僕の顔色からそれを感じていたようだった。それに、面談の制限時間は四十五分。

「ところで、私になにか……」

「はい、先生。実は、妻がここセントルイスにいまして。来週出産なんですが、お金がないんです」

医師は財布を取り出して言った。「いくら要るんだね？」

目の前はたちまちバラ色のストップモーション。財布を持つと天使が舞い降りてきて、耳元でなにかを囁いているような、子供時代のあの感覚。嬉しくて、胸がパンパンに膨らんでいた。人が戦争をし、憎み合い、残虐になれるなんて信じられないくらい。

「いくら要るか訊いたのだが？」

「分かりません、先生。出産費用ってどのくらいかかるんですか？」

医師は看護婦を呼び入れた。「病院に電話して、予約を入れてくれないか……奥さんのお名前は？」

「リリアン・グレゴリーです」

「リリアン・グレゴリーさんだ。来週の入院と伝えてくれ。請求は私にと」

「先生、なんとお礼を申し上げたらよいのか……」

安堵とともに血液がまた流れ始めた気がした。先生を抱きしめ、キスをして、今まで味わった喜びを全て彼に贈りたかった。通りへ出て歩き始めると、立ち並ぶ木々に話しかけた。小鳥にも。パトカーの巡査にも会釈して、妹の家まで走った。エレベーターが待てずに、十一階まで駆け上がり、転がり込むように部屋に入った。まだあまりよく知らない――しかも四カ月も会っていない――妻の肩をつかんで言った。

「……でも、あいつはまだ満足しなかった」

「今日、信じられないことが起きたんだ！　教えてあげる！」

リリアンは目を輝かせて聞いた。「まぁ、グレグ！　まぁ！」。僕はまた早口になった。どこへ行ってどうすればいいか伝え、万事心配なしと安心させてあげた。でも、シカゴへ戻るお金を調達し、翌日にはまたクラブを開けなければならないと言った。リリアンは、突っぱねてもいい僕のわがままを、黙って受け入れてくれた。そうしてはいけなかったのに。

叔母のところへ立ち寄ったら、みんなに怒鳴られた。なんとヒドイ男。よくも女房を放ったらかしにできるものだ、と。僕の事業は目下非常事態にあると説明しようとした。今は、叔母よりも、僕自身よりも、女房よりも、赤ん坊よりも大事だと。またみんなが怒鳴り出した。僕は這う這うの体で叔母の家をあわてて退散した。バス代とリルの車代を調達して、ドロレスのところへ戻った。ドロレスはアパートにいて、リリアンには聞こえないところへ僕を呼び寄せた。リルは、ろくに食べてなく、話もあまりしないとのこと。なにをするでもなく、ドロレスの子供たちの面倒を見て、寝ては泣き、泣いては寝ての繰り返し。リリアンは、僕がアパートを出る時も泣いていた。ドアをバタンと締めた時、彼女は叫んだ。「もう二度と私を一人にしないで！」と。僕はまた中に入って、彼女が泣いている部屋に。彼女は僕を見上げて言った。「ごめんなさい、グレグ。許して、お願い」。シカゴへ戻るまでの道のり、ずっと考えていた——男がやろうとしていることを、リリアンほど分かってくれる女性がいるかと。果たして女性とはそんな風に理解を示してくれるものなのかと。彼女はまだ僕をさほど知らなかったのに。

シカゴの週末はまたヒドかった。金曜から日曜まで雨。でも、今回はそれでも我慢ができた。出産費用を援助してくれる人がいて、赤ん坊は市営病院ではないところで生まれる。水曜の晩、ドロレスが電話してきて、全て順調だと言った。リルは午前中に入念な検査を受けて午後に入院。赤ん坊は今にも生まれそう。全て計画した通りに運んでいる。気分は上々。胃のキリキリも治まった。

木曜日の夕方、また電話が鳴った。

「リチャード?」

「はい、そうだけど……」

「あんたはね、死ぬまで許されませんよ! あんたがこの人にしたとんでもないこと。絶対に許されませんからね!」

「なにを言ってるんだ?」

「赤ちゃんが生まれたのよ!」

「えっ! でかした! で、リルはどう? 元気にしてる?」

「ここにいるわ、家に。赤ちゃんもよ。床に。二人とも」

「でも、リルは病院に……」

「家に戻されたの。二度も。まだ生まれ……」

「救急車は?」

「向かってるとこ。あんたっていう人は……」

「ちょっと! リルと話させてよ、ドロレス!」

「リチャード、リルは今横になってるわ。床に。仰向けに。赤ちゃんを見上げて。病院の人が赤ちゃんはお母さんのお腹の上に乗せるようにって」

「えっ！　なんだって！　本当に床に？」

「そうよ」

「病院にいるとばかり思ってたけど……」

「いたわ、一晩中。ずっと。でも、彼女への対応がどこか変だったわ。彼女もちょっと変わったところがあるし。陣痛がこないので、帰っていいって言われて。それで帰ってきたら始まって。その時、家に誰もいなかったの。彼女、タクシー代もなく……。まったく、タクシー代すらなかったのよ。それで……」

「ドロレス？」

「聞こえないわ、リチャード」

「わめいた？」

「なにも言わなかったわ。私は三人産んだけど、いつも大声でわめいていたわ。でも、彼女は唸り声一つ上げなかった。帰って来て、彼女の部屋に行かなかったら、赤ちゃんを産んでることにも気づかなかったわ！　それも床の上で！」

「あぁ、なんてことだ！　ドロレス……」

「救急車が来たわ……」

僕は電話を切った。そして我を忘れて雨の中を狂ったように走った。角を曲がると、男に勢いよくぶつかる。二人とも歩道に倒れた。なんと、大学のトラックチームの仲間、ブルックス・ジョンソン。起き上がる前に言葉が口を衝いて出る。「十ドル貸してくれないか？」。彼は理由も聞かずに、ポケットに手を入れた。起き上がってまた走る。南地区から市の中心街へと。セントルイス行きのバスがちょうど出るとこ

「……でも、あいつはまだ満足しなかった」

ろで、それに飛び乗った。座るが早いか、寝入ってしまい、セントルイスまで七時間の睡眠。そしてドロレスの家に駆け込んだ。

「あぁ、リチャード。エレベーターが狭くて、担架に乗ったリリアンを立たせたて十一階から降りたのよ。しかも赤ちゃんをお腹に抱かせたまま……」

「で、彼女は？」

「ホーマー・G・フィリップス病院よ」

市営病院だ。やはりあの病院に取り憑かれている。僕は、案内係のデスクに直行して、妻に会いに来たと言った。彼女はどこに？

「お名前は？」

「リチャード・グレゴリー夫人」

「かしこまりました。四階です。娘さんにお会いになれるよう、面会用紙を差し上げます」

リルは二十人ほどの他の女性と同室だった。苦しそうに身をかがめて唸っている人がいて、入るのが怖かった。意を決して進むとリルは僕を見上げて言った。たった一言。「グレグ、ごめんなさい」

「なにを謝るんだ？　謝ることなんてなにもないじゃないか……。それより、大丈夫かい？」

彼女は微笑んだ。「大丈夫よ」。もっと近くに来るよう、手招きして囁いた。「あそこにいる女の人に、なにか親切な言葉をかけてあげて。彼女にはあなたこと、たくさん話したの」

僕はそうした。そして、娘に会いに行った。それからしばらくリルと話した。また娘のところへ行って、四階に戻る。

「……でも、あいつはまだ満足しなかった」


「今日は金曜日でね、リル。戻ってクラブを開けなきゃいけないんだ」

「分かってるわ、グレグ。私たちは大丈夫。心配しないで」

その晩、僕はエイペクスクラブのドアのところでバンドマンたちを待ち受けていて、こう言った。「父親になったから、もしもここで仕事を続けたかったら、赤ん坊への贈り物を持って来な」。僕は、その週末、地に足がつかずに、ずっとボーっとしていた。父親になったことで、自分を誇りに思った。同時に、リルを一人にしてとんだ目に遭わせてしまい、恥ずかしくもあった。火曜日には、赤ん坊へ百ドルほどの贈り物を買い、五十ドルほどリリアンのために遣った。彼女に贈り物をするのは初めて。四カ月前、自分の妻に指輪代から血液検査代、それに結婚証明書代からバス代まで払わせた男にとって、それは、何百万ドルにも匹敵する額に思えた。初めて夫、そして、父親になった気がした。

リルは病院から戻っていて、三日間一緒に過ごした。夫婦として初めてのこと。初めて妻と一緒のベッドで横になった。初めて妻としての彼女に触れた。初めて背中を合わせて目を閉じた。妻の横で眠ったのも初めて。妻は美しかった。横になったまま、とても幸せだと言う。信じられなかった。

この時の気持ちを決して忘れないだろう。僕は、彼女がどれほど辛い目に遭ってきたか分かっていると伝えた。僕を嫌って当たり前だと。全て僕のせいだと。彼女は泣いて、首を横に振り言った。「なんであなたを嫌うの？　あなたはいつかショービジネスで最高のエンターテーナーになるのよ。あなたはするべきことをしたの。いつか分かるわ。これは全然辛くなかったんだって」

こんな女性がこの世にいることが信じられなかった。僕は三日間、彼女と眠り、語り合い、涙し、笑った。お互いをようやくもっとよく知るようになった。僕が結婚した恥ずかしがり屋の女の子は大人の女性になっていた。赤ん坊につける名前を話し合った。ミシェル・レネ・グレゴリー。「あのね、グレグ。私、あの床に横たわっていた時思ったの――ディック・グレゴリーの子ならこう言うって、『私のパパはディック・グレゴリー』。決して、『床の上で生まれたの』なんて言わない。『パパはディック・グレゴリー』。それで十分。グレグ、あなたは好きなことをすればいいのよ。分かってるでしょ。私もそれを分かってる。あなたを邪魔するものはなくてよ」

僕はショービジネスから身を引くつもりだと言った。所詮、今の僕は一介の日雇い労働者。大きなナイトクラブのステージに立ったことはおろか、中に入ったことすらない。リルは首を振って僕の頬を撫でた。夜も昼も、きつく抱き合ったセントルイスの日々。僕はどんな女性と結婚したのかやっと分かり始めた。愛していることに気づいた。そして、改めて知った――いかに女性が力を与える存在かを。

リリアンは言った。「ねぇ、お母さんの話、いろいろしてくれたけど、彼女が六人の子供にしてあげたことを思えば、私、あなたになんでもしてあげられる。あなたが帰って来たくても、そうできないのは重々承知。でも私は外を見てあなたの帰りを毎日待つわ。日が暮れても、一週間が暮れても。だって、あなたが帰って来るのが見えるんだもの。家に向かってるって分かるんだもの」

シカゴに戻ったのはその週末。うららかで、暖かかった。ハイウエーも乾いていて渋滞もなし。エイペクスクラブは満員だった。長い冬が終わり、六月を迎えた。客も意気揚々。お金も入ってきた。さぁ、やってやろうじゃないか。嵐に苦しめられた辛い日々は過ぎ去り、晴天続きだ。六月が過ぎゆき、七月になるとクラブの前に列ができた。ステージに立つたび、あのモンスターが体の中でうごめいた。ギャグが冴え、どのショーも完璧。この六カ月間、僕はずっとネタを練り、それを膨らませていた。客の入りは上々で、エイペクスクラブは繁盛の一途を辿った。

七月にそのクラブを失った。

サリー・ウェルズさんはいい人だった。ただ、僕はずっと賃料を払えず、彼女もまた、寄る年波には勝てない。店の買い手が何人か現れた。クラブの名が知れ始めて、売り時というわけ。ウェルズさんは僕にチャンスを与えてくれた。いろいろな免許の支払い、光熱費、電気代、水道代。四カ月分が滞っていた。一晩のショーごとに五十六ドルの賃料。それが一週間で三営業日分。それがひと月で四週分。それが四カ月分。

「グレゴリーさん、日曜日までに入れてもらわないと……」

ということで幕を下ろすほかない。もう「明日まで」はない。「来週」もない。借りる当てもない。最後の週末に、次にオーナーとなる人たちが劇場の様子をまた見に来た。観客の入りに満足しているようで、ニコニコしながらうなずき合っていた。忘れもしない。彼らは、僕が自分のショーをやっている間も、うろうろ歩き回り、部屋をどう飾るか話し合っていた。

ともあれ、僕たちの引き際は見事だった。日曜の夜、最後のショーを終え、盛大なパーティーを催した。飲んで、踊って、語り合った。おおかた泣いていたけれど。シカゴが経験したことのない最悪の冬を、お金にもならないのに働き通した。でも、六カ月間、毎金曜、土曜、日曜、みんなそれぞれに、観客のために、意味のある存在になろうと頑張った。お客を最優先する誠実な芸人、誠意ある人間であろうとした。従業員全員が来客のリスペクトを得ようと努めた。ギャンブル、売春がなく、密造酒を売らないナイトクラブ。従業員にとって、そこがまるで自分の家だと誇りに思える。そんなクラブだった。

パーティーがお開きになったのは夜が明けてから。僕はみんなの寂しそうな顔を見渡してスピーチをした。まずは、僕を信じてくれたことに感謝。続いてみんなが目の当たりにしてきたことを語った。それは、若造だった僕の成長過程。「五十ポンドの荷を担いで挫けなかったら、次は百ポンドを担げるよう鍛錬し、さらには千まで担いでみる。それで挫けなかったら世界を担いで歩き出せる。僕にはそんな力が身についたと思うんです」

もう朝だ。僕は、これが最後になるであろうエイペックスクラブの階段を下りながら思い出していた。雪道を何度となく行き来して残した足跡。出会った人たち。辛酸な目に遭って得た教訓。打ち克った数々の試練。さようなら、エイペックス。さようなら。どうもありがとう。もう戻ることはない。

腹は決まった。

Ⅳ

僕がエイペクスクラブを手放したのは一九五九年の夏。その後の一年半は、仕事があったりなかったり、暮らしはよかったり悪かったりの繰り返し。いろいろな人に才能を認めてもらおうとした。僕のネタを聞いてもらい、雇ってもらい、収入を得ようとした。僕はあの内なる力を感じながら行動を起こしていた。エイペクスの経験により、あのモンスターは僕の中で確固たる存在になった。八月には、以前働いていたエスクァイアに復帰した。報酬は相変わらず一晩十ドル。僕はアメリカで一番大きな黒人ナイトクラブのオーナーのハーマン・ロバーツに、芸を観に来て欲しいとしつこく頼んだ。山は動かない。だから僕の方から彼のところまで山を押して行った。その年の全米競技大会の開催地はシカゴ。僕は、出場選手の多くを知っていた。借金をして、ロバーツ・ショークラブを一晩貸し切り、選手たちのためのパーティーを開いた。もちろん僕のワンマンショー。ショーの後、ハーマン・ロバーツがやって来て、彼のクラブで司会をやらないか、いくら欲しいか訊いてきた。僕の要求は週あたり百二十五ドル。彼はひっくり返りそうになって言った。「それだけか?」

当時のトップを行く黒人コメディアンやミュージシャンはみんなロバーツに出演していた。サラ・ヴォーン、カウント・ベイシー、サミー・デービス・ジュニア、ビリー・エックスタイン、ニプシー・ラッセル、ダイナ・ワシントン。レッド・ソーンダースのビッグバンドがいて、八人の女性からなるコーラスラインがいた。座席数は千以上。電動化されたステージに立って、演者と演目を紹介している時は、自分も黒人のトップエンタテーナーの仲間入りをした気がした。シカゴ市内に週二十五ドルの、家具つきのアパートを借りて、リルとミシェルを呼び寄せた。台所は地下室にあったけれど、それでも家には変わりなく、なによりも家族が一緒になれた。出世街道に乗った、とみんなに言った。エスクァイアの間抜けな経営陣には、うっぷんを吐露してやめてやった。時期尚早。ロバーツでの仕事は一カ月で終わり。四週で司会を交代させるのがロバーツ方式だったとは知らなかった。

リルはシカゴ大学での以前の職に戻った。十年も乗り回されたプリムスを五十ドルで購入。保険なし。フロアボードもなし。それでも、そのポンコツ車は、生後六カ月のミシェルを前座席に乗せて、僕たちの足代わりになってくれた。出演契約担当、ナイトクラブのオーナー、ツテのある人に会いに。仕事にありつくこともあった。どこぞで十ドル、かしこで五十ドル。白人の安酒場で週百七十五ドルの仕事を得たことも。雇われたのはたった一週間。僕ほどのアーティストにいて欲しかったら、ホステスたちが観光客からボッタクるのを止めさせろと経営者に言ってしまったから。

そんなこんなで、ミシェルはおんぼろ車の前座席で少し大きくなった。彼女は泣いたりぐずったりしなかった。車の下から風が入ってくるから何枚もの毛布にくるんでやり、その中で眠っていた。僕は多くの人を訪ねた。彼らにとっては、はた迷惑だったろう。AGVA——米国バラエティーショー芸人組合——にも足しげく通った。組合員は、月曜の夜白人のナイトクラブのオーナーやエージェントのオーディションが受けられた。僕も受けてもいいかと尋ねるといつも、踊れるのか、歌えるのかと訊かれた。

「僕はコメディアンです」

「あと一年半ほどしたら空きが出るよ」

お金が底をつくと、洗車なんかで小遣い稼ぎ。そんなことをしばらく続けているうちに、またハーマン・ロバーツから仕事の電話があった。ただし、始めは十ドルから。それに、サミー・デービス・ジュニアが出演している間は、客の案内係をする。で、僕が客ウケしている間はずっといてもいい。僕はロバーツで、ショービジネスのなんたるかを学んだ。

ロバーツで、サミー・デービス・ジュニアとニプシー・ラッセルが同じ興行に出演することになった。それはクラブ創設以来の最大のイベントだっただろう。観客の九割は白人。彼らの大半は、夜のシカゴの南地区は初めて。クラブは、最前列のテーブルを確保しようと、ウェイターたちに五十ドル札を握らせる白人の重役で埋め尽くされた。ニプシーはハナから人種ネタのジョークを連発した。白人の聴衆をコケにした。それがウケる。みんな、腹を抱えて笑った。ニプシーは、才能の塊のサミー・デービス・ジュニアを凌駕していた。信じられない。どうしてなのか考えた。

ロバーツに出演した数日後、ニプシーは、白人の住む山の手でもウケているとの噂もあって、AGVAでも演じることに。僕はその月曜の晩、白人のナイトクラブのオーナーたちの前で演じるニプシーを観察した。ロバーツで大ウケしたネタのリプレーだったが、その晩のニプシーは、ステージに座った死人同然。全然ウケなかった。

それで分かった——黒人のナイトクラブに来る白人は、僕ら黒人に対する後ろめたさから、黒人の住む地域と住人を意識しすぎて恐れている。そんな過敏な状態だから、コメディアンの言うことならなんであれ、ピリピリした神経がいやされて爆笑する。激しく笑えば笑うほど、その白人は自分に言っているのだ。「俺は大丈夫。大丈夫だ、俺は。ヤバいのは、街の他の白人だ」と。黒人のナイトクラブに来る白人は、罪悪感と恐怖を抱いている。僕は、黒人のウエートレスに膝へ飲み物をこぼされた白人客が「失礼しました」と飛び上がって謝ってるところを見たことがある。同じことが白人のクラブで起きたら、その男は飛び上がってウエートレスを罵り、訴訟騒ぎになっていただろう。ニプシーが大ウケしたのは、あの晩の観客が、そんな白人ばかりだったから。でもAGVAは白人の本拠地だ。白人はそこでは安心、安全。聞きたくもない人種ネタを笑う必要なんてない。

それは僕が仕事を続ける上でのヒントになった。僕はいつか、金になるところで働く。大きな白人のナイトクラブで働く。彼らの本拠地のステージに立てば、僕が黒人であることを憐れむ人が何人かいるだろう。毛嫌いするヤツもいるだろう。憐れむ人たちは少し笑うけど、それは始めのうちだけ。でも、憐れみの対象などリスペクトしないから、じきに笑わなくなる。僕を嫌う人は笑わない——クスっとも。

スピードが肝心。考える余裕を与えない。矢継ぎ早にジョークを飛ばす。セントルイスにいた頃、僕をいじめた連中に対抗した時と同じだ。僕がいじめられたのは、みすぼらしい恰好をしていたから。パパがいなかったから。僕はまず、一人の人間としてステージに立たねばならない。黒人であることは二の次だ。僕は肌の色が黒い面白い人間。面白い黒人であってはならない。自分を憐れむスターであってはならない。憐れみを売らなければ、それを買う人もいない。白人らと彼らの社会を笑う前に、自分を笑い種にしよう。そうすれば嫌われないで済む。コメディーとは和気あいあい、ともに楽しむもの。友愛だ。

「スーツを買ったら、特売日でズボンが二本つき。得した気分になったとこ……タバコの火でジャケットに穴を開けちまった」

これは自虐のジョーク。

「NAACP[1]の終身会員権を買わないかって訊かれてね。それで、言ったんだ、週割りにさせてくれって。一括でなんて買えないよな。朝起きたら、人種差別が全州で撤廃される心配があるからね……」

これは今の社会情勢全体を風刺したもの。

さあ、聴衆が聞き入り始めた。続けて、タバコの煙を観客に向かって吐き出し、こう言う。

「でもさ、これが炭だったら、みんなブラックフェイスになっちまう。したら、黒人を優遇しようって言ってきたみなさんの活動は、もはや、意味がなくなっちゃうよね」

これで摑みはとれた。嫌味でもなく、お涙頂戴の話でもない。「みんな分かるよな、僕が言いたいことは」。

「……でも、あいつはまだ満足しなかった」

1　全米黒人地位向上協会（National Association for the Advancement of Colored People）。一九〇九年設立。

これが言えたら、もうなんでもアリ。核シェルター、税金、義母の悪口、座り込みスト、フリーダムライダーズ[2]、コンゴ情勢、水爆実験、大統領、子供たちのこと。でも、セックスの話はご法度。セックスをネタにしたら大きな落とし穴に落ちる。下ネタばかりやっていると、いとも簡単に陳腐な黒人コメディアンに逆戻りだ。下ネタと時事的な風刺を混ぜると、黒人のセックスに対して、ある固定観念を抱いている白人は居心地が悪くなる。

一九六〇年。ロバーツでは仕事があったりなかったり。考える時間はたっぷりあった。そこで気づいた。白人のクラブで働くに当たって僕が直面した大きな問題の一つは、ヤジを飛ばす連中がいること。特に白人の安酒場時代はひどかった。コメディアンにとって、ヤジへの対処はいたって大事。イジリがうまいコメディアンとして名が知れていない限り、キツい返しはご法度。キツくやると、観客全員を敵に回す。どうせヤジを飛ばす連中の大半は酔っている。酔っ払い相手にムキになると観客はシラける。とは言うものの、ヤジるヤツはギャフンと言わせなければならない。ヤジるヤツに出し抜かれたら、観客から憐れみを買う。僕は、酔ってヤジを飛ばすヤツの手なずけ方を、黒人のナイトクラブで習得済みだ。静かに諭すように言う。「僕は君の奴隷になってもいいけど、君の肝臓にはなりたくないな」。これを白人クラブで言えばもっとウケる。執拗にヤジを飛ばして邪魔をするヤツには、こんなことを言う。「考えてみてよ。俺があんたの働く現場へ邪魔しに行ってだよ。あんたが握るスコップを蹴り落としたら、どんな気がする？」。これもかなり効く。でも、いつかどこかで、僕が白人のクラブのステージに立ったら、誰かが立ち上がってヤジるだろう。「ニガー」って。

僕はそれを案じた。その一人の白人のせいで、みんなが気まずい思いをする。それを聞いた客はクラブに対して不快な印象を持ってしまう――僕がいなくなった後でも。それは、クラブのオーナーだって百も承知。僕を雇いさえしなければ、お客を失うリスクはない。僕が靴磨きをしていて、口を蹴られた時と同じだ。バーテンは、僕を不憫に思いながらも追い出した。客同士に喧嘩されては困るから。でも、僕はもうあの頃の子供ではない。イッパシの大人だ。自分に降りかかる火の粉は自分で振り払わなければならない。あの忌ま忌ましい言葉を聞いたら、間髪を容れずにやり返さなければならない。ショーを続行できるか、コケにされたまま観客に憐れみといく分かの敵意を感じさせてしまうか――その一瞬が運命の分かれ道だ。

夕飯を食べながらもリルに「ニガー」って言ってもらって、気の利いた返しを即座に言えるよう練習した。どうもうまくいかない。言い返しがどこかトゲトゲしかった。悪意がある感じ。

「ニガー」

「お前さん、南部で暮らせよ。で、自分の名前入りのトイレが使えるようになったら、少しはまともな人間になった気がするぞ」

2　人種隔離政策を非合法と決めた最高裁の判決を無視し続ける多くの南部の州へ、長距離バスで、かかる政策の撤廃を訴えに行った人権活動家と支援者たち。この運動は、白人を交えた十数人の活動家で一九六一年五月に始まり、同年十月まで続いた。これを嫌った州当局は、彼らの乗り入れを拒み、暴力的に排除。以後、反対運動は急速に高まったが、白人たちによる彼らへの暴力も激しくなった。尚、バスに乗っての抗議で特筆すべき人物は、「公民権運動の母」と呼ばれる当時四二歳だったローザ・パークス。彼女はただ一人、一九五五年にアラバマ州モンゴメリーの公営バスの運転手の命令に背いて白人に席を譲るのを拒み逮捕された。これを契機に三八一日にわたるモンゴメリー・バス・ボイコット運動が起こり、公民権運動へと発展した。

「ダメ、グレグ。全然ダメ」

ある晩、横になってテレビを観ていた時のこと。僕は無性に世の中に腹が立っていた。三週間も仕事がなく、おまけに雪が積もって、四日も家から出ていない。リルは部屋の片隅で本を読んでいた。八つ当たりできるのは彼女にだけ。

「リルよ」

「なに？」

「これからずっと君を『ビッチ』って呼んだらどうする？」

リルは仰天して、椅子を倒さんばかりの勢いで立ち上がった。「聞こえないふりしてやるわ」

僕はソファーから転がり落ちて、腹の皮がよじれるほど笑った。そうだ！　それだ！　それこそ、気の利いた逆襲だ。実にいい。トゲがない。観客は、僕の胸の中の憤りを知らずに済む。僕を憐れまないで済む。ヤジを飛ばしたヤツへのしっぺ返しにもなる。

数週間後、チャンス到来。それは街はずれのサビれたナイトクラブでのことだった。客は労働階級の白人。工場で働いていて、自分の尊厳を誇示する唯一の方法は、職場で黒人をこき使い、偉そうに指図して怒鳴りつけること。週末になると、その黒人たちに近づこうとしない連中だ。例のヤジが飛んできたのは二日目の晩の後半のショーでのこと。大きな声で、はっきりと。

「ニガー！」

観客は凍りつく。僕はまばたき一つせずに、それをかわした。「今、あちらの方が僕をなんと呼んだか聞きましたか？　ロイ・ロジャース[3]のお馬さんだって。『トリガー』だって」

すかさず返した。観客は笑った。腹を抱えて笑った。それは、ヤジ男が本当に僕を「トリガー」と呼んだと思いたかったから。でも、僕にしてみれば、少しの時間が稼げただけ。場内には、男が本当はなんと言ったか百も承知、といった雰囲気が漂っている。素早い反撃でしばしその空気を封じ込めておけたので、僕は数秒間客席を見渡して、タバコをスパスパ吸った。

「あのですね、僕にあの言葉が浴びせられるたび、契約上五十ドル多くもらえることになってるんですよ。あのヤジが飛ばないと一晩たった十ドル。僕はケチなオーナーを破産させたいので、みなさん立ち上がって一斉に叫んで下さーい、『ニガー!』って」

拍手喝采、大爆笑。すかさずショーを自分のペースに戻す。終わるとオーナーがやって来て二十ドルくれた。握手を求めてお礼を言う。合格だ。

天気も回復、僕とミシェルはまたおんぼろ車に乗って、その時分のお決まりのルートを走った。シカゴの南地区のはずれから、九十八マイルも離れたインディアナ州のミシャワカの小さな白人クラブへも行った。そこまで毎晩ドライブしたのは、一晩十ドルの稼ぎではホテルに泊まれなかったから。ミシャワカでは、そのクラブがお目当ての白人が開場前に早くから列を成していた。ある土曜の晩のことだった。クラブは満席。僕は、後方のテーブルの若い白人女性のグループが気になった。かなり飲んでいて、笑うところではない、場違いなところでゲラゲラ笑っていた。突然一人が叫んだ、「あなたご立派よっ!」

3 西部劇スター(一九一一―一九九八)。歌手でもあり、テレビ番組の司会者も務めた。サラブレッドの愛馬トリガー(Trigger)は、彼の作品に何度も登場し、映画界で最も有名な馬と言われる。

 「……でも、あいつはまだ満足しなかった」

白人の男性客がみんな凍りつく。彼女は、白人が創り上げた黒人のセックス神話をステージにぶち込んできたのだ。客の誰もが、僕のフンイキが彼女にそうさせたと感じ、結局僕は嫌われ者に。さぁ、僕の本領発揮だ。

「お嬢さん、お国はどちらで？」

「ハンガリーよ」

「ならばもう一杯お飲み下さい。ニグロになった気分を味わえますよ。壇上に駆け上がって、僕にキスしちゃう。で、人種を超えた二人は、取るものも取り敢えずこの街を逃げ出る羽目に……」

してやったり。場内は、ふたたび笑いの渦に包まれた。僕は、爆笑の中に安堵のため息を聞いた。まだ嫌悪感を抱いている人がいたら、それはその女性に対してのもの。

強くなった気がした。自信がついた。なにが起ころうと、対処できる気がした。ロバーツに復帰したのはその夏。ちょうど共和党の党大会がシカゴで開催されていて、議員の何人かがたまたま黒人のナイトクラブに入って来て、僕の芸を観た。それが誰かに伝わった。数日後の夜、ABCテレビのジョン・デーリーのクルーが訪れる。デーリーは、北部での人種問題を取り上げた『Cast the First Stone』《最初の一石を投じろ》というテレビドキュメンタリーを制作中。僕のショーを録画したいとのこと。僕は契約にサインした。謝礼は一ドル。これを受け取って契約成立。収録は二時間。僕は飛んで帰ってリルに伝えた。これだ！　ゴールデンタイムの放送だ。全米に流れるぞ。ジョン・デーリー。全米のみんなが観るように戦略を練らなければ！

「リル、大学に、タイプライター用の紙あるよね？」

「あるわ……」

「何枚か持って来れる？」

「いいわ」

「八万枚ぐらい必要だけど……」

翌朝、僕はミシェルの着替えをして、シカゴ大学まで行った。対応してくれた女性はリルを知っていて、いたって親切。でも少し困惑気味。「八万枚ですか？」。結局、ステンシル紙にタイプして、ガリ版刷りにすることにした。紙代と人件費は後払いに——それも借金次第。

紙八万枚がどれほどの量になるか、箱の多さを見て初めて知った。車に積み込むだけで、あの堤防で砂袋を積んでいる日々が蘇った。さぁ、これを全部配るのだ。

それは簡素な一枚のビラ。内容は、「一九六〇年、九月二十七日、ABCの『Cast the First Stone』をお見逃しなく！　そしてテレビ局に、素晴らしかった、特にディック・グレゴリーが、と手紙を書いて下さい」という感じ。

二週間はビラ配り。高架鉄道下の道端、南地区のバー、レストラン、映画館の外、校庭、昼休みの工場の外で。読む人もいれば、道に捨てて行く人もいる。僕は捨てられたビラを走って拾いに行く。僕の血が歩道に流れている気がするから。

配れば配るほど残りのビラが増えた気がする日もあった。ちゃんとフロアボードのついた車を借りて、セントルイスまで行き、高校の前で配った。カーボンデールへ行っては、学生会館で配った。さらにお金を借りて、切手と封筒を買い、友達や親類縁者、ひいては全国のNAACPの支部に何百通も送った。

ジョン・デーリーの番組が放送される夜も、道端に立って配り続けた——放送時間が迫っているこの晩に、テレビの前にいない無神経な人に腹を立てながら。家に戻ったら、番組が始まって既に十五分経っていた。

「僕、まだ出てない？」

「まだよ」

そして始まった。ジョン・デーリーは、若くて、センセーショナルなコメディアンがいる、と紹介。続けて「では、コマーシャルの後に」と。いよいよだ。落ち着け！　翌朝、テレビ局に八万の手紙が殺到する光景が目に浮かぶ。

八時三十分。ジョン・デーリーは二分ほどかけて僕を紹介した。画面に自分の姿がある。僕は、まじまじと東海岸から西海岸まで、全米に放送されている自分を観た。ゴールデンアワーにだ。全アメリカが観ている！

ジョークが二つ。短いジョークだ。合わせて二十秒ほど。そして消えた。またコマーシャル。

「ここでコマーシャル。いいね、リル。コマーシャルが終わったら、ずっと続くっていうことだ。今のはほんのさわり」

「そうね」

僕とリルは九時に番組が終わるまで、ずっと画面を見続ける。僕は出てこなかった。

「もしかしたら今日は第一部で、第二部は来週かもしれないわ」

「電話して訊いてごらん」

リルは電話した。お互いじっと見つめ合って泣いた。八万枚のビラ。約二十秒。信じられなかった。二時間以上も僕のショーを収録したのに……。

どうもこうもない。仕事に戻る。ラッシュ通りの外れにあるザ・フィクルピクルというビートニックの集まるコーヒーハウスでの仕事にありついた。週七晩で百二十五ドル。一カ月限り。そこで、僕の力になってくれる人たちに会った。カナダから来た若いカメラマン、ティム・ボクサー。ティムは失業中で、車の中で寝ていた。仲よくなり、彼は、僕を宣伝してくれると言ってくれた。ボブ・オルベンとも知り合った。ボブはトップを行く類まれなコメディー作家。ボブにネタを書いてもらうほど金銭的な余裕がなかったけれど、彼が執筆する定番のネタが掲載された月刊誌を僕に送ってくれた。今では、それがコメディアンにとって最高の参考書となっている。ジョン・ムースにも大変お世話になった。ジョンは、全米最大のエージェント――アソシエイテッド・ブッキング――と契約させてくれた。彼はシカゴ支店のフレディー・ウィリアムソンに紹介してくれた。フレディーが僕の仕事ぶりを見に来ることはなかったけれど、僕は職を求めて彼の事務所をしつこく訪ねた。ほぼ毎日。まさにオジャマムシ。彼の事務所で僕の芸を見てもらった。電話と電話の間、来客と来客の間に僕のネタを聞いてもらった。彼は気に入ってくれて、シカゴのプレーボーイクラブはいつも新しいタレントを探しているから出演契約が結べるか訊いてあげると言ってくれた。その間、一九六〇年の十一月には、オハイオ州のアクロン市にあるエディー・セーレムズ・サパークラブでの仕事を世話してくれた。その時の出演は忘れようにも忘れられない。

それは今までで一番大きな白人ナイトクラブでの一番大きな仕事。シカゴを離れての、本当の意味ある仕事。週給二百ドルで、歌手のドン・コーネルと同じプログラムに名が載った。ビックな白人クラブでビックな白人スターと同じステージに立つ。僕のネタのウケはよかった。オーナーのエディー・セーレムは、クラブの食事をツケにしてくれた。リルに食費の送金ができるよう、また、トップの黒人エンタテーナーに成りすましている僕が気前よく使う分のお金を貸してくれた。僕は自分のショーを終えると、大物気取りでバーに座って客に奢る。でも遅かれ早かれ、その晩も黒人地域にある週十ドルの部屋に戻らなければならなかった。一週分の前金を払わなくても泊まれるのはその部屋だけ。

そこはレストランの真上にあった。僕はラスベガスで大仕事を終えたばかりで黒人仲間に少しお金を分けたいからここを利用する。オーナーにはそう説明した。彼の人種的な偏見が僕にそう言わせた。

部屋は暖房なし。天井から裸電球が垂れ下がっていた。トイレは排水が故障していて、正面の部屋の女の人は夜にバケツで用を足し、それを共同浴場に流していた。酔って戻って来ても、充満する悪臭でシラフになる。服を何枚も着込まないと眠れなかったのは、セントルイスにいた頃以来。そして、朝起きると毛布は一面虫だらけ。僕は寒く、みじめで赤子のように泣いた。バーには近寄らないでいた。僕には関係なくても、手入れが入るとなにかと面倒なことになるから。けれども、アクロンでは避けたい現実もあって、あらゆるバーに入った。

とはいえ、結局はあのみじめな部屋に戻らなければいけない。どんな大会に勝とうが、ノーステーラーのあの家に帰らなければならなかった頃のように。高校時代の僕に戻ったよう。過ぎ去った日々、いろいろあった出来事に立ち返っている気がした――暖がなく、灯りもなく、水も出ない暮らしに。

僕はアクロンで無駄な涙を多く流した。二カ月もしないうちに当たりを取るとはつゆほども知らずに。

V

一九六〇年のクリスマス。ミシェルは熱を出し、アパートは寒く、僕はまた失業中。テーブルの上には脂身だらけのハンバーガー用の挽肉が三ポンド。貧乏人はこの特別な日にターキーとクランベリーソースが買えないことが恥ずかしく、みじめな思いをする。十月にターキーが買えない時のように。五月にクランベリーソースが買えない時のように。クリスマスは他の日と変わらず二十四時間。他の日と同じように豆を食べて過ごせばいい。でも、心のどこかでサンタクロースを信じている。ママがサンタクロースだった頃、なにももらえなくても、それを受け入れられた。でもママがいなくなると、僕がサンタクロース。なにも与えられないサンタクロース。与えられないことを受け入れられない。正直者がクリスマスに盗みを働く気持ちが分かる。贈り物をしないクリスマスはクリスマスじゃないから。

僕たちは盗みをしたわけではないが、支払いが覚束なくなるのではないか、と思うほどたくさん買った。まずはテレビ。ラジオで、百十四ドルと宣伝していたものだ。実際にどうしたら映るのか、操作法も教えてもらおうと実演を電話で頼んだ。翌日、営業マンが大きなテレビを運び込んだ。壁のコンセントに電源を差し込んで三百ドルだと言う。古いテレビは家主のものと知るや、下取りは利かないと言って四百ドルに吊り上げた。頭金なし、毎月十七ドルで二年間の分割払い。なんというボッタクリ。でも買ったなりの価値はあった。結婚して二年。初めて買う家財だ。しかも新品。誰かさんのお古じゃない。

クリスマスイブに出かけたのは、繁華街にあるザ・フェアという大きなデパート。リルがクレジット払いの口座を作ってもらう間、僕は車の中でやきもきしていた。店にはイブまでにサバかなければならない商品が大量にあると目論んで、リルに言った。「夫はコメディアンのディック・グレゴリー。自分もシカゴ大学で働いています」、毅然とした態度でそう言えば、信用してくれるだろう、と。三十分ほどして、リルは目を輝かせて戻って来た。

「作れたわ、グレグ。千七百ドルまでのクレジットよ」

この先一年はこれ以上必要なものはないと思えるほど買った。コートやその他の衣類。毛布、皿、鍋、赤ちゃん用品。話にこそ聞いてはいたが、面識のない親戚にあげるプレゼントまでも。それにツリー用の豆電球。パンパンになったいくつもの買い物袋が車の床のないところから落ちないように、膝の上に乗せた。現金は二ドルしかなく、貧相なツリーを一ドルで購入。帰りに食料品店に立ち寄って、安いハンバーガー用の挽肉を買った。一ポンド三十三セント。脂身だらけ。焼くとフライパンから脂が溢れて火が消えてしまう。そんなハンバーガーだったが、リルはそれを品よく食べ、ミシェルには、母親が子供に与えられる最高の手料理のように食べさせた。グレゴリー一家は、ハンバーガーが食べたかったからハンバーガーを食べる。

「リル、これは、僕たちが貧しく迎える最後のクリスマスだ。君が地下室でクリスマスの料理を作って、踊り場のある階段を上がって運ぶのは、これが最後だ」

「大丈夫よ、グレグ」

「僕は今約束したんだ。脅したんじゃない。君がこんなクリスマスを過ごすのはこれで終わりだ」

「グレグ？」

「なんだね？」

「あなたにあげたいものがあるの。ツリーの下よ」

「プレゼントなら、ザ・フェアで買ったじゃないか」

「これは特別」

僕は包みを開けた。それは革製の茶色のブリーフケース。イニシャル入りだ。トップを行くコメディアンが持つんだと思っていた茶色の小型の鞄。あぁ、リル、なぜ知ってたんだ？

その晩、二人とも話したいことがたくさんあった。リルは自分の仕事を終えた後、大学院生のタイプのアルバイトをしてお金を貯めたこと。僕はエイペクスクラブのオーナーだったサリー・ウェルズさんのこと、僕がじきに結婚すると予言した老婦人のことを。彼女は僕が小型の茶色の鞄を手に国中を飛び回っていると言った妖術師。それまで、茶色の鞄の話はおくびにも出さず、リルに話すのは初めてのこと。リルは目を輝かせ、声は興奮で上ずっていた。

「これがあなたの思い描いていた鞄なの、グレグ？」

「正にこれだよ」

僕はもうなにも怖くなくなった。テレビの支払いだってできる。ザ・フェアの支払いも。妻も養える。娘を医者に連れて行くお金も稼げる。年が明けるまで仕事にありつけなくても不安はない。一月になって

「……でも、あいつはまだ満足しなかった」

仕事が全くなくても大丈夫。ずっと憧れていた茶色の鞄があるから。

一九六一年一月十三日。エージェントから電話があった。プレーボーイクラブのコメディアン、アーウィン・コーリーが病気で、その晩の代役が必要とのこと。

僕は下の階の家主からバス代二十五セントを借りた。乗るバスを間違えてしまい、プレーボーイクラブから二十ブロック離れたところで降ろしてもらった。走り出すと、風で目が乾いた。袖から入り込む風が冷たい。ドアを通ろうとしたところでクラブのスタッフから知らされる。大変申し訳ないが……、と詫びてきた。その日の会場を予約したのは、南部の冷凍食品会社の重役たち。会場を取り仕切るマネージャーも直前に知らされたと言う。今日のところは五十ドルで引き取ってくれないか。また近々仕事を入れるから。でも、一筋縄では行かない今夜の客を相手にここでの初仕事は得策ではない、と言う。

凍えるような寒さでなければ、腹が立っていなければ、文無しでなければ、五十ドルを受け取って素直に帰っていたかもしれない。マネージャーは親切だったし、彼の言う通りだと思った。プレーボーイクラブはいたって洗練されたクラブ。アメリカで一番名の通ったクラブ。観客が南部の金持ちばかりときたら、さぞやりにくいだろう。でも、僕の体は冷え切っていた。腹も立っていた。二十ブロックも走って来たし、帰りのバス代の二十五セントもない。僕は、電話で依頼された通り、ショーをやると言った。やめるには長すぎる道のりだった。「リンチされてもかまやしない。ステージに立つ！　今晩！」。僕はそう言い張った。

マネージャーは僕を見据えた。お好きに、と言わんばかりに肩を軽く揺すった。横に退いて、頂点への扉を開けた。

VI

みなさん今晩は。今夜は南部からのお客様が多くお見えのようですね。僕は南部をよく知ってます。一晩いて、二十年過ごした気になりましたからね……。

僕にとって南部に戻るのは危険です。と言うのも、僕は酒を飲むとポーランド人になった気になるので。ある晩、飲みすぎて、自分の住んでる地区から出て行ってしまいましたよ。

最後に南部に行った時、あるレストランに入りましてね。白人のウエートレスが来て言ったんです、「黒人の注文はお断り」と。

で、言いました。「いいですよ。僕は、黒人を食べませんから。チキンの丸焼きお願いします」って。

そこへ、三人の白人が来ました。イトコ同士でしょうか。ご存じでしょ、みなさん。クーとクラックスとクランの三人[4]。で、彼らは言いました。「おい、警告だ。肝に銘じておけ。チキンにナイフとフォークを入れてみろ、お前に同じことをしてやるからな」。そこへウエートレスがチキンを持って

4 Ku Klux Klan. のこと。白人至上主義を唱える暴力的な極右ヘイト集団。秘密結社で、通称ＫＫＫ。

来ました。「キサマ、そのチキンにすることと同じことをしてやるからな！」。僕はナイフとフォークをそっと置く。そして、チキンを手に取ってキスしました。

プレーボーイクラブでのその晩、僕は子供時代までさかのぼって話をした。ママが決して絶やさなかった笑顔のこと。黒人少年が、胸に秘めた辛さや恨みをいかに賢く隠すようになるか。客は僕に対抗した。汚い言葉で僕を小ばかにし、侮辱した。でも僕のトークの方が冴えていて、面白い。お互いに馴れると、嵐が過ぎ去ったかのようにヤジはやんで、みんな聞き入った。五十分のはずのショーが一時間四十分。ステージからソデに入るたび呼び戻された。ようやく「さようなら！　おやすみなさい！」を言うと、全員立ち上がって拍手した――南部の白人が。僕はドアに向かって歩いた。大勢の人がポケットからお金を取り出して僕に渡す。その内の一人が、僕を見て言った。「いいマネージャーがついたら億万長者になれるぞ」。それまでに受けた最大の賛辞だった。

プレーボーイクラブのオーナー、ヒュー・ヘフナーがその晩の二回目のショーを観ていた。僕は三年間の契約を結ぶことに。一九六一年から初めの六週間は週二百五十ドル。僕に「仕事してるか」と訊く人は、えらくバツの悪い思いをした。僕が胸を張って「もちろん、プレーボーイクラブでね」と言ったから。

ヒュー・ヘフナーに雇われてから、物事がうまく回り始めた。メディアに注目されるようになり、新聞社は僕のレビューを書くために記者を送り込む。コラムニストは僕のジョークを引用し始めた。僕は毎晩、新聞を片っ端から買った。自分の名を見つけると、別のニューススタンドに売っている同じ新聞にも僕の名が載っているか確かめる。タイム誌に写真が載って、レビューも素晴らしかった。エージェントやナイトクラブのマネージャーやレコード会社からの電話はひっきりなし。

その一年はいろいろな人にお世話になった。広報担当になってくれたのは、ザ・フィクルピクルで会ったカメラマンのティム・ボクサー。アソシエーテッド・ブッキング社は他の仕事も世話してくれた。シカゴの大物テレビタレント、アレックス・ドライアーが僕を自宅に呼んで語ってくれたのは、しかるべき経営方法について。アレックスの住まいはシカゴのゴールドコーストにあって、そこに行くまでに三度警察に止められた。警察は夜にゴールドコースト界隈へ現れる黒人は盗みを働くと決め込んでいる。アレックスのお抱え運転手の制服でも着て行くべきだった。やっとの思いで到着。だけど、温かい歓迎を受け、行った甲斐があった。アレックスはフレンドリーで、親身になって僕を励ましてくれ、いつものように大助かり。僕のマネージャーとなるラルフ・マンとメアリー・ジョゼフソンに紹介してくれた。金銭の管理をしてくれる弁護士、ディック・シェルトンとベニー・クラインマンにも。僕ほど長く破産状態にあった人間が、鼻先に突然契約書やお金をぶら下げられたら、信頼できる有能なビジネスマンで脇を固めないとダメ。僕が一人、大都会の真ん中に行ってビジネスをこなせるわけがない。未来が開けたビッグなエンターテイナーのような感覚でまだ物事を考えられない。頭はいまだ破産状態だ。

「ジャック・パー・ショー」の出演が決まり、ニューヨークに来るように、との電話が入った。ニューヨーク行きの日は、たいそうな一日となった。お初だらけ。飛行機に乗るのは初めて。白人所有の大きなホテルに泊まるのも初めて。面会したのはアソシエーテッド・ブッキング社の社長、ジョー・グレーザー。大御所中の大御所だ。「必要なものがあれば下の階へ電話すればいい。費用は事務所が持つから」と社長は言ってくれた。「ジャック・パー・ショー」に出るまでに、あまりにもいろいろなことがありすぎて、緊張どころでなくなっていた――もっと緊張していてもよかったのだが。全国放送に出ること自体が大変なこと。それも全米を通してのビッグショー。そこで人種をネタにした僕の率直なジョークを披露できるのだ。それが茶の間に流れるなんて。「ジャック・パー・ショー」に出演したことが、アメリカでの僕の存在を確固たるものにした。

ニューヨークから戻るとすぐに、空港でリルに電話した。

「どう？　僕の人生に影響を及ぼす、なにかドエライことでも起きたかい？」

「デービット・サスキンドさんから電話があったわ。彼のショーに出て欲しいって。パーの人たちからも。再出演の依頼よ。で、大変なのが一つ。心の準備はできてて？」

「あぁ、なんでも来いだ」

「今、ウチのテレビ、回収されちゃったわ」

「それはよかった。心配ご無用」

帰る途中、僕の二人の弁護士の事務所に寄って、市場に出ている一番大きなカラーテレビを買うように頼んだ。

「大きさは？」

「店の人にウチへ行ってもらって、ドアの幅を測るように言ってくれ。ドアを全部外して家に入るものが欲しいって」

僕は弁護士たちに前のテレビの代金も精算するように頼んだ。で、それは連中が取っておけばいい、と。人の貧しさを逆手にとって商いをするヤツらだが、逆手に取ったのはこっちの方だ。あのテレビがあったおかげで、しばらくは家族をなだめすかすことができた。

それからはもう、機嫌をとったりする必要はなくなった。テレビでのショー、ナイトクラブでの契約。さらに、コンサートの司会のオファー、全国誌に載る機会も増えた。その年、リルの誕生日にニューモデルのサンダーバードを買ってあげた。でも、リルは運転ができない。免許をとろうともしない。サンダーバードはウェントワース通りの家具つきアパートの前でふてくされている。僕はリルに言った。「アイツときたら、体制に反抗して座り込みを続けてるぜ」。高くついたジョークだったけど、その分大いに笑わせてくれた。

そして、待ってました！　八月に二人目の娘、リン・ルシルが生まれた。今度は個人病院で。

僕は自分が日増しに成長していくのを感じた。ヒュー・ヘフナー、ジャック・パー、ボブ・ホープ。素晴らしい人たちとの出会いがあった。ファーストクラスでカリフォルニアからニューヨークへ。ある日、全米最大のレコード会社から電話があって、コメディーのレコードを出さないかと誘われた。二つ返事で承諾。でも、話を進めるに当たって僕に会いに来た担当者は、僕を場違いなレストランへ連れて行った。ロンドンハウスという豪華なレストラン。恐ろしくなった。その男性が注文したのはロブスターテール。僕も彼に倣って同じものを頼んだ。ウェイターが運んで来たロブスターテールなるものは、食べ方が皆目分からない代物。僕はレコード会社の男のやり方を観察する。彼はレモンを絞ってかけた。僕もかける。でも、僕がかけ終わる前に、ロブスターは既に彼の第一撃を喰らっていた。切り開かれたシッポ。見逃した。どうしていいか分からない。腹の調子が悪くなったと言ってレストランを後にした。

それから少し経って、コルピクスレコーズ社から、アルバムを二枚出すオファーがきた。前金は二万五千ドル。異存なし。小切手が届いて、無沙汰をしていた人たちにも会える。あの電報を取っておくべきだった。真っ赤なウソってわけでもなかったんだから。

その年、電報がらみの人たち以外の知人にも再会した。五月に、南イリノイ大学でコンサートがあって、僕はディジー・ガレスピーと出向く。そこでリングル先生に会った。学部長と学長にも。僕はまたヒーローになった。

そしてその夏、サンフランシスコでビッグプレズに再会する。

長くは話さなかった。話したいこともあまりない。彼は再婚していて、子供も何人かいるようだ。真面目に働いて、きちんとした生活をしていた。それでも、僕はまだ彼を十分恨んでいる。背が僕と同じくらいだったことに驚いた。五フィート十インチ。それまではずっと巨人だと思っていた。

そんな彼を多少は気の毒に思う。僕の子供たちにとってはお爺ちゃんになるわけで、会いに来させると言った。どんなお爺ちゃんであれ、孫は孫なりのリスペクトを払わなければならない。僕はその年、ビッグプレズに会わなかったが、子供たちには会いに行かせて、約束は守った。

その秋バッファローでのショーを終えた時のこと。ある男がやって来て、僕に会いたがっている女性がいると言う。なぜか直感的に誰か分かった。その女性が長年バッファローで暮らしていることは知っている。僕はナーバスになり、彼女のテーブルに行く前に、楽屋に戻って一服し、手洗いにも行った。七歳から二十九歳になるまで二十二年も恋焦がれ、祈って待った彼女とついに再会。しかし、もう相手も変わっていて自分が求めていた理想の人ではなくなっていた。僕はもうヘリーン・タッカーを欲していない。僕の理想の女性はHelene《ヘリーン》ではなく、Helena《ヘリーナ》に変わっていた。そして、その女性は既に僕のそばにいる。リリアン・グレゴリーこそ、そのヘリーナ。

一九六一年はものすごい年だった。一躍トップに上り詰め、パパ、そしてヘリーン・タッカーとの再会。あの二万五千ドルの嘘も払拭した。十一月には巡業が終了。この年をどうやって華々しく締めくくろうか、言うなればいかに豪華な集大成に仕上げようか、あれこれ思いを巡らせながらシカゴに戻った。既に素晴らしいアイディアが浮かんでいる。壮大なプランが。

インテリアデコレーターの友人に一役買ってもらった。二人で見つけたのはハイドパークにある総合マンション。シカゴ大学の近くだ。お金はいくらかかってもいいと言って、インテリアを任せた。引っ越しはクリスマスの朝。今のウェントワースの家具つきアパートから持ち込むのはカラーテレビだけ――またドアを取り外すところが見たいから。今度のところは完璧にしたい。クリスマスの朝に足を踏み入れたら、即日常生活の始まり。新しい冷蔵庫を開けてすぐにハムエッグを焼く。

デザイナーの仕事はお見事。家具を買い揃え、絨毯を敷き詰め、カーテンもかけてくれた。下見に行くと、驚きのあまり卒倒しそうになる。これほどキレイなところに住むとは夢にも思わなかった。そこで、弁護士にも一役買ってもらうことに。クリスマスの三日前にリリアンに電話してくれるよう彼に頼む。彼が伝えるのはこんなこと。僕の所得税のことでトラブル発生。国税局は、僕がその年に稼いだ最後の一セントまで取り上げた。僕らはまたスッカンピン。その日の朝、リルが弁護士と電話で話しているのを、べ

5　アフリカ系アメリカ人のジャズミュージシャン（一九一七―一九九三）。トランペット奏者、バンドリーダー。

ッドに横になって聞いていた。悪い知らせを伝えに来るのを待つ。長いこと待った。待ってられなくてベッドから出た。

「寝てる間、誰からか電話があった？」

「いいえ」

「でも電話が鳴っただろ？」

「ええ。弁護士さんだったわ」

「用件は？」

「聞いてないわよ」

僕は折り返しの電話をして、なぜリルに伝言しなかったのか訊いた。彼は伝えたと答える。

そんなヘリーナが僕の女房。彼女の口から、悪い知らせは一つも漏れてこない。僕がいると、悪い知らせも悪くなくなるのだろう。

「リル……」

「なぁに？」

「子供たちに買ってあげたおもちゃは、全部売らなきゃならなくなった。君の車も返さなければ」

「いいわ、グレグ」

「ごめん。今までで最悪のクリスマスになってしまう」

「心配しないで。大丈夫よ」

立ち退きを強いられて一大事という場面を演じようとしたが、彼女の穏やかで、僕を信頼しきった顔を

「……でも、あいつはまだ満足しなかった」

見て、その筋書きはボツにした。

新しいマンションに入るに当たって、必要な物がまだたくさんあったけれど、リルが選んで買わないといけないものばかり。そこでクリスマスの二日前に、リルに持ちかけた。「友人から電話があってね。シカゴにいる彼の知り合いのカップルの面倒を少しばかり見てやって欲しいって頼まれたんだ。お金には不自由してないカップルなんだけど、越して来たばかりで、まだツケが利かなくて困ってるそうだ。どうだろう。今のうちだったら、どの店も僕が破産したと知らないだろうから、僕たち名義で掛買い口座を開いて、彼らがアパートで必要なものを買ってあげたら……」。リルは「喜んで」と言った。

その日、僕たちは日がな一日、リルの知らないカップルのショッピングにつき合う。カップルの女性が皿や銀食器、シーツやベッドカバーやタオルを買うに当たって、リルは、自分のものを買うかのように、注意深く選んであげていた。その女性は、リルが精算する前に本当に気に入ってるかうまいこと訊くからリルはまったく疑わない。デパートを出た時には、僕の車と友人の車とタクシー十台分ほどの買い物をしていた。リルには他のタクシーに乗って帰ってもらって、僕たちは新しいマンションへ。

イブの晩。飾るツリーもなければ子供たちにあげるおもちゃもなく、お互いへのプレゼントもなかった。リルには、借金が嵩んでしまうので、クラブにも連れて行ってあげられないと謝る。でもショーを終えてから、ハイドパークの近くで、有名なコラムニスト、トニー・ワイゼル夫妻主催のパーティーに連れて行ってあげた。トニーも僕の今回の企みに絡んでいる。リルは彼らの豪華な部屋にひたすら魅せられていた。

「リル、本当にすごい部屋が見たければ、新品のすごいのがあるから見せてあげるよ」とトニーが言って、僕ら数人を九階へ案内した。

部屋に入り、リルの顔がパッと輝く。「うわー、素晴らしいわ。あのカップルの部屋なのね。ここで新しい生活が始まるなんて幸せね！」。そう言ったリルの表情は美しい。

部屋を見て回る彼女の顔は喜びに満ちていた。よその人の幸せを喜んでいる彼女を見て、僕は泣きそうになる。

そして彼女は、二日前にデパートで自宅用に買ったものが置いてあることに気づき、僕の腕をつかんだ。

「グレグ！　まぁ、グレグ……」

彼女は目を丸くして、口をぽかりと開けている。居間の真ん中のクリスマスツリーの下にあるミシェルに買ってあげたおもちゃを一つ目にすると、悲鳴を上げて気を失った。

それが一九六一年のクリスマス。今までのクリスマスとは雲泥の差。それはあたかも、それまでのクリスマス全てをゴロゴロ転がして一つの大きなボールにして、それを放り上げ、それがまだ宙に浮いている間に叫んでいる気分だった――「サンタさん！　これでお相子にさせてもらうよ！」

Ⅶ

ある朝、目が覚めると、したり顔をしてニンマリ笑っている僕がいる。というのも、あのレストランの外側にいた自分が内側の人間になったから。そして自分にこんな風に言ってやる。「なぁんだ、なんの造作もなかったじゃないか。簡単だったじゃないか」と。一九六一年の一月は、とても寒くて靴の中に段ボールの切れ端を入れて足が凍えるのを必死に防いでいた。でも一九六二年には一生履き切れないほどの靴がある。スーツは駄菓子を買うように買った。子供は病気になる前に医者に診てもらえる。ブロードウェイでショーを開く。休暇は妻とハワイへ行って木陰でのんびり。優雅なもんだぜ。

でも、あのモンスターが今でも僕につきまとう。アイツはまだ満足していない。働かなければならないのは、モンスターのためでもある。ということで、不良少年をウォルター・ルーター[6]と州知事に会わせるために二十一人引き連れ、デトロイトへバスでの長旅。地元のヘリーン・タッカーたちとのダンス会を開いた。品性を少しでも身に着けてもらえるように。ナイトクラブのオーナーたちには、いつもは白人の新

6 全米自動車労働組合（ＵＡＷ）創始者（一九〇七–一九七〇）。

聞だけのところ、黒人の新聞にも広告を載せてもらった。その際、契約書には非隔離を約束する文言を入れてもらう。ＣＯＲＥ[7]やＮＡＡＣＰでのチャリティーショーを多くやるようになった。監獄でも。

監獄でやった生涯忘れない二つのショーがある。我が身に危険を感じたのはメリーランド州立刑務所でのこと。独房棟へ行くまでは、囚人が人種で分けられているとは知らなかった。白人が真ん中に陣取り、黒人がその両脇に。案内してくれた神父に、人種隔離された聴衆の前で演じたことがないし、そうするつもりもないと言った。神父曰く、「みんな一週間前から首を長くしてあなたのショーを楽しみにしている。やらなければ暴動が起きる」。僕は白人と黒人が入り混ざって座ってくれたら、ステージに立つと言った。神父は看守を呼びに行く。

看守は、やってくれないと暴動が起きてしまうと言う。分かれて座るのは三十二年も続いていること。それを変えるなんて彼にはできない。かかる刑務所で、死刑囚にショーを観せるのは初めて。その死刑囚らはバルコニーにいる。

「看守さん、後ろのドアから脱出させて下さい。みんなには、僕が心臓発作を起こしたとでも……」

看守は是非やって欲しいと懇願する。彼は約束した。やってもらえれば、次回からのショーでは必ず混ざってもらうからと。その時既に、僕の中のモンスターが騒いでいた。あの熱い、乾いた感じが下から湧いていて口の中まで広がってくる。

「看守さん、あんたが入り混ぜようとすれば暴動が起きるって言うんだね。で、僕がステージに立たなければ暴動が起きる。ならばこうしよう。僕があの後ろのドアから出て行って、金輪際、ここでのショーのことは考えないか、僕自らが入り混じって観てもらうようにするかのどっちかだ。そうすれば、少なくともあんたは一人では殺《や》られない。僕も殺られるから」

ステージに出て行く際、最後に耳にしたのは神父の声。「ユーモアたっぷりに頼むんだぞ。ユーモアたっぷりにな」

　マイクまでの距離が延々と長く感じる。恐怖でずっと凍っていた。大きな部屋に千二百人ほどの囚人。その前に立った。失敗したら、もう後ろの扉までは辿りつけない。なにかが起きたら命はない。どの新聞も書くだろう、僕のジョークが人種暴動を引き起こしたと。

「みなさん、僕はいくつもの監獄でショーをやりました。僕は、みなさんのような人たちの前でショーをやるのが好きです。本当に。でも、今日は一つ問題があります」

　どの顔も怪訝そうに僕を見た。看守が手を口に当てて電話しているのが視界に入る。

「僕は白人と黒人が隔離された聴衆の前で演じたことがありません。そうする気もありません。素晴らしいショーが観たければ、席を替わっていただけますか」

　僕はコトが起こるのを待つ。目は半分閉じている。僕は考えていた。白人の囚人たちが先にキレルか、黒人たちが僕に反感を持ってキレルか。叫び声が上がった。大騒ぎだ。前列に座っていた白人が飛び上がって脇の席に移る。黒人が一人叫んだ。「ありがとさん！」。席替え開始。全員が移動したわけではなく、多くの白人は動かなかった。だけど、その日僕はこの目で見たんだ。五人の白人の囚人が体の不自由な黒人を真ん中の席に運ぶのを。笑顔で席を入れ替わる白人と黒人を。

「……でも、あいつはまだ満足しなかった」

7　人種平等会議（Congress of Racial Equality）。一九四二年設立。

さあ、ショーに戻ろう。間を空けてはいけない。最初に移動してくれた心ある白人を見て言う。「僕は人種融合政策は好きだけど、でも君が座っていたあのいい席を僕が譲るかって聞かれたら、ちょっと自信がないな」

みんな笑った。それからの四十分は矢継ぎ早にジョークを連発。聴衆の緊張感が途切れないように、ネタは人種に関するものばかり。実際になにが起こったか分かってもらいたかった。ショーが終わり、改めて危ない綱渡りをしたことに気づいて、また恐ろしくなる。聴衆の大半は立ち上がって喝采してくれたけれど、僕がフロアに降りて握手しに行くと、見向きもしない白人もいた。

刑務所を出る際、神父は「アメリカにはいい白人もたくさんいるよ、ディック。南部の白人がみんな悪いわけじゃない。ただ時間がかかるんだ。教育が必要なんだ」と、彼なりに謝ってくれた。

「神父さん、彼らはキリストをハリツケにした連中と一緒ですよ。あなたはそれを傍観するだけ。それでもまだ彼らを擁護するんですか？　開いた口がふさがりませんね」

違った意味では、ミシガンの州立刑務所も本当に恐ろしかった。ショー自体はよかった。囚人たちはみんな娯楽に飢えている。ステージを降りると看守が、五十年も監獄暮らしをしている老いた黒人受刑者を紹介してくれた。絵を描く男で、作品を観たいか訊いてくる。僕は是非と答えた。観た瞬間、膝はガクガク。

彼は女を描いていた。いや、女と思い込んでいる人物を。どの女も男の顔をしていた。男の目。男の鼻。男の顎。男の唇。髪は長く、胸もある。口紅をつけていて、身なりも女性。でもどの絵の人物もまぎれもなく男。

「……でも、あいつはまだ満足しなかった」

女を描いているつもりで男を描いている奇妙な感覚。その囚人は五十年もの間、男しか見ていなかった。彼が知っているのは男の顔だけ。僕はリルにそのことを話した。話せば話すほど、ますますわけが分からなくなり怖さが増してくる。もしもあの老人に、「あなたの描く絵は全部間違っている」と言ったらどうなるだろう。きっと「この嘘つき野郎が！」と言って喧嘩を吹っかけてくるだろう。リルと僕は話を一歩進めてみた。もしも、アメリカに生まれてアメリカで育ち、嫌悪と恐怖と人種的偏見の世界しか知らず、それしか見えない世界にいたら……。

僕は、その年ずっと例の囚人のことを考えていた。大ブレークの年で忙しかったけど。サンフランシスコ、ニューヨーク、ロサンゼルス、ラスベガス、高級サパークラブ、大観衆の集まる一夜限りのコンサート。より注目を浴び、テレビ出演も増え、雑誌にも多く登場した。それまでの僕を作ってきてくれた人たちのために、無報酬でショーを開き、お金に困っていた時に助けてくれた人たちにお返しを。僕はネタをさらに仕込む。時事的なものを増やし、人種問題を多く取り上げ、今までにも増して分かってきたこの体制を、さらに深く、より巧みに批判するようになった。集会やデモ、慈善興業にも一役買うことに。公民権運動のリーダーたち――ロイ・ウィルキンズ、ウィットニー・ヤング、ジェームズ・ファーマー、マーティン・ルーサー・キング――を知るようになって、人種問題がいかに大きく、またいかに複雑な問題か知った。病気になったからと言って、その病の権威になれるわけではない。同様に、黒人であることだけで、この問題を理解できるわけではないことを学んだ。

サンフランシスコに滞在中のその年、公民権運動のリーダーの一人から演説を頼まれた。オークランドで開く、千人ほど集まる黒人のプラム摘み労働者の集会。僕は快諾した。彼は資料をくれたが、僕はいらないと言った。なぜに資料が必要か？　人種問題のことなら、どんな聴衆の前でも話せる。でも、その考えは間違っていた。メキシコの季節労働者が、彼らの仕事を奪っていることについてなにも語れない。彼らの妻たちが、強制的に高い梯子を登らされてプラムを摘んでいるとはつゆ知らず。彼らが抱えていた問題は、人種問題であって人種問題でなかった。地理的な問題が覆いかぶさり、しかもそれが全ての黒人に影響を及ぼしている。果たして、プラムを摘む季節労働者たちに、バーミンガムのデパートで帽子が自分に似合うか試せない黒人の気持ちが理解できるだろうか。靴が足に合うか試せない黒人の気持ちが本当に理解できるだろうか？

　その秋、メドガー・エヴァース[8]から電話があった。ミシシッピ州のジャクソン市で有権者登録の集会があるから、演説をして欲しいとのこと。ＮＡＡＣＰの本部がリンチ通りにあると聞いて、少し怖くなったけど、都合さえつけばすぐに行くと言った。

　僕は南部が怖かった。南部の街が怖かった。側溝で転んで頭に大怪我をしたら、血をだらだら流しながらその場で死ぬ。というのも、救急車が出動するのは、遠く町はずれにある黒人専用の葬儀社だから。

Ⅷ

一九六二年十一月。僕はロイ・ウィルキンズとミシシッピ州ジャクソン市にある講堂の壇上にいた。講堂は超満員。緊張して出番を待った。その晩のためだけにサンフランシスコから来ていて、スピーチを終えたらすぐにジャクソンを離れるつもりだった。しかし、監獄から出たばかりの老いた黒人を紹介する間、待たされることに。僕はほとんど聞いていなかった。彼は人を殺したとのこと。白人に指示されてその老人の家を燃やそうとしたヤツを殺した。そいつも黒人だった。老人は有権者登録のキャンペーンを指揮していた人物。僕はもっと注意深く聴くべきだった。でもその時は、この老人が僕の人生を変える人となるとは知る由もなかった。

　老人は足を引きずるようにして演壇へ向かった。七十八歳と言ったと思うが、それははっきりしない。でも、次に発したことは鮮明に覚えている。

「わしは、自由のためになら牢屋へも行く。いや、自由のためになら殺されてもいい。でも、わしは女

8　公民権運動家（一九二五－一九六三）。NAACPミシシッピ州支部委員。

房と長く連れ添った。夜、一度も家を空けたことがなかった。監獄に入れられて、その間に女房は死んじまった」

その言葉に僕は打ちのめされた。腹をえぐられたような気分。しばらく、椅子に釘づけになっていた。老人は小柄なミシシッピの黒人。厚い唇。縮れ毛。真っ黒い顔をして、他の黒人にも蔑まれる無学丸出しの喋り方をする黒人。この老人が、意を決し、僕のために立ち上がって体制に挑んだ。僕のために監獄に入った。僕のために連れ合いを失った。彼は戦場へ赴き、自分は見ることのない僕たちの明日のためにデモに参加した――僕たちが職と人権を獲得できるように。自分はそのおこぼれにもあやかれないであろう職と人権のために。一晩たりとも連れ合いと離れたことがなかった田舎町の小柄な老人。その老人が、僕のために監獄に入り、連れ合いは、彼がいなくなって死んだ。

老人が話を終えると、僕は彼のところへ歩み寄ってお礼を伝える。僭越ながら、気持ちばかりのお金を受け取ってもらった。クリスマスに会いたい子供か愛する誰かがどこかにいるのなら、それを実現する手助けをさせてもらえれば光栄だと告げる。彼はカリフォルニアに息子がいると言うので、僕は後でメドガー・エヴァースに、カリフォルニア行きの列車の切符と小切手を託した。

僕はその晩、ひどく動揺していて、なにについて話したか覚えていない。ステージを降りるとメドガーが、僕も知っているはずだという女性に会わせた。レオナ・スミス。僕がそれらしき反応を示さなかったので、メドガーは彼女こそクライド・ケナードのお母さんだと言った。聞き覚えがない。メドガーの話を聞いて胸が悪くなった。

クライド・ケナードは三十五歳。ここ三年監獄に入っている。罪状は鶏のエサを五袋盗んだというもの。

本当の理由は、彼がミシシッピサザン大学に入学しようとしたから。僕はジャクソンを離れるその晩、スミス夫人に、息子さんを監獄から出すためにできる限りのことをすると約束した。シカゴに戻ると、メドガーがかかる件のことで何度も電話してきて、資料や記事もいろいろ届く。そこには、信じられないことが書いてあった。

ケナードはミシシッピに生まれた。大学はシカゴ大学へ。朝鮮戦争中は空挺隊員。除隊後、両親のためにミシシッピに農園を買った。継父が病気になり、彼が農場の切り盛りをするようになった。大学を終えたかったので、一九五九年に農園から一番近くにあったミシシッピサザン大学に願書を提出。それは、受理されなかっただけではなく、彼は警察に脅される羽目に。何者かが盗品の鶏のエサを農場に仕込む。重罪が成立するように、エサの価格が吊り上げられ、ケナードは重労働七年の刑に処せられた。ある黒人がエサを盗んだと吐くと、白人ばかりの行政当局はその男の口を封じた。

大晦日の晩、僕はシカゴのミスター・ケリーズのステージに立って一九六三年の決意表明をした。「ケナードを釈放せよ！」。事実が全て掘り起こされて、それが報道されれば、アメリカはケナードを監獄から救い出すと思った。僕をインタビューしたUPI通信の白人記者は、ケナードのことを知って憤慨。より多くの情報を得るため、自らミシシッピに向かうと言った。彼が調べ、最初に届けてくれた情報は、クライド・ケナードは癌で死にかけていること。

シカゴで名の通ったコラムニスト、アーヴ・カップシネットがケナードの話を報じた。僕の新しい情報源となってくれた記者は、ケナードの医療記録を入手して、それを各種メディアに提供。ケナードは監獄内の医療施設に移された。シカゴの億万長者がミシシッピの実業家仲間に働きかけ、ケナードは釈放に。

癌の治療のため、飛行機でシカゴへ輸送された。ケナードは三十五歳なのに八十五歳に見える。時既に遅し。六カ月後、息を引き取った。

僕はその年、ジェームズ・メレディス[9]にも会った。アメリカで最も有能で勇敢な男の一人。国中の黒人に尊厳を与えた男。黒人がみんな大学に行けるようにした男。アメリカ黒人の革命のお膳立てをした男。メレディスが大学を卒業した時、黒人はみんな、彼と一緒に卒業したことで、それまでとは少し違った顔になった。黒人はみんな無知蒙昧。怠け者。臭い。そんな汚名から卒業した。

僕の方にも変化があった。選挙登録運動をして逮捕された老人の妻は、長年の連れ添った夫が監獄にいる間に、一人寂しく死んだ。二人の黒人青年が大学――白人ならどんなウスラトンカチでも入学できる大学――の人種隔離政策に挑んだ。一人は失敗して死に、もう一人は成功して苦しんだ。僕が闘争に関わるのはこれが初めて。闘争が起こっていた。戦争の気配も立ち込めていた。小切手を切るだけ、演説をするだけでは間に合わないと思った。

ハワイの木陰で優雅に過ごしてたくせに？　とんでもない。このアメリカで、白人であろうが黒人であろうが、己の権利を得ていない者がいれば、それは僕自身、危険にさらされていることになる。無論、ナイトクラブで気の利いたことは言えた。でも、明日にでもアメリカが戦争をするようになっている時に、家でじっとしていられるか？　そのことをブルーエンジェルで風刺していられるか？　否。僕は海を渡り、どこか異国の冷たい土の上に這いつくばって、その国の人々が、ママがこのアメリカで生きた人生より、もっとマシな人生を送れるように命を懸けて闘う。

僕は直ちにこの運動の一役を担いたい。行動を起こしている人たちの中にいたい。そのチャンスは意外に早くきた。

ミシシッピでは食糧難で困っている人たちがいる。ある晩、シカゴのナイトクラブに男が訪れ、募金を求める手紙にサインして欲しいと言ってきた。僕は、自分の名前を人に貸すことはしない。だけど、その団体で僕が一緒に活動できるなら、そうしたいと伝えた。ただ、その夜は朝四時まで仕事がある。資料を持って来ているのなら、寝る前に読むから、アパートのドアのところに置いておいて欲しい。彼に頼むと、そうしてくれた。そして、当時の状況がいかに汚らわしく、下卑たものだったか、僕はさらに学んだ。

ミズーリ州のルフロール郡当局は、連邦政府が配給する食糧——大半は黒人に渡るはずの食糧——の輸送を止めた。それは、郡庁所在地のグリーンウッドでの有権者登録キャンペーンに対する報復措置。白人ばかりのお役所は、食糧貯蔵と流通にかかる年間三万七千ドルの費用が賄えないという理由で、貧しい人たちへの無料の食糧配布はできないと主張している。僕はその朝、募金の手紙にサインして、百ドルの小切手を送った。

午後に、寄付金を募っている人たちから、記者会見をしに来てくれないかとの電話があった。理路整然と受け答えがしたい。より多くの情報が必要だからと、新しい調査担当者にグリーンウッドへ行ってもらった。その間、僕はシカゴの街へ。ディスクジョッキーのダディー・オー・デイリーと二人で、一万四千ポンドほどの食糧を調達した。飛行機をチャーターして、一九六三年二月十一日、それをメンフィスへ空輸。到着後、すぐにトラックへ積み替え、クラークスデールまで百三十四マイルの運搬。そこから、グリ

9　一九三三年生まれ。一九六二年にアフリカ系アメリカ人としてはじめてミシシッピ大学に入学した公民権運動家。

ーンウッドへ。僕はまだ南部を恐れていて、その晩のうちにシカゴに戻りたかった。ミシシッピ行きを二月二十一日に決めたのはそんな理由から。翌日がリンカーン誕生日。ケネディー大統領は、その日を八百人の招待客とともにホワイトハウスで祝うことにしていて、僕とリルも招かれていた。食糧を配り終えたところで、僕は有権者登録を勧めていたＳＮＣＣの人たちに、デモが始まったらまた来る、と言ってメンフィスに戻り、リルを迎えにシカゴに飛んで、ワシントンへ。

素晴らしい祝賀行事だった。二人ともケネディー大統領と握手を交わす。リンドン・ジョンソン副大統領とも。リルはその時妊娠約九カ月。ホワイトハウスで出産できたらいいのにと思ったくらい。できるだけ長くいようと粘ったけれど、陣痛はこないままお開きに。僕たちはシカゴへ戻った。

調査を依頼していた人から報告が続いた。グリーンウッドでは、二月から三月にかけて白人による、黒人と、黒人を支援する人への暴力と脅しが相次いだとのこと。車は壊され、有権者登録を推進していた男が首に銃弾を浴び、ＳＮＣＣの本部は放火され、黒人の家々には銃弾が撃ち込まれた。ＳＮＣＣで活動するものは襲われ、黒人がデモをやれば、警察は犬をけしかける。有権者登録を推進していた人たちの内、十一人が逮捕。でも、僕はグリーンウッドへ行くと約束していた。

死ぬほど怖かった。演説をする。寄付をする。南部に滞在するのは、毎回一晩か二晩だけ。それだけでも大変だったのに、街へ出てデモ行進に参加。銃弾、犬、放水砲、電気の流れる警棒に逆らいながら……。

連中が僕を待ち構えていたのは知っていた。ミシシッピのメディアや州当局は、僕が食糧を運び込んだことを根に持っている。千四百ポンドの食糧なんてなかった、実際はずっと少なかったとイチャモンをつけた。ディック・グレゴリーが貧しい黒人の世話をするのなら、みんなシカゴに送り込めばいい。ヤツは売名行為をしているだけだと言った。

意を決する時がきた。四月一日を皮切りに、有権者登録の大規模運動が始まる。ＳＮＣＣのメンバーの大半は既に投獄されていて、グリーンウッドはリーダーを必要としていた。全米の耳目をグリーンウッドに集めるには、名の通った人物がいなければならない。三月三十一日の日曜日。僕はフィラデルフィアのホテルのベッドで、何度となく、グリーンウッドへは行かない、と決めては、またその考えを改めた。何度も、何度も。行かなくても納得してもらえる理由をあれこれ考えた。

行けば、あの度し難い偏見で凝り固まった白人どもに殺される。よそから来た煽動者との烙印を押され、果ては暗い脇道に連れ込まれ脳をかち割られるだろう。外を歩いている時に撃たれるかもしれない。僕が死んでなんになる？　ミシェルとリンと、今頃は息子のディック・ジュニアに添い寝しているリルはどうなる？　息子には、新聞の切り抜きが父親の面影として残るだけだ。

グリーンウッドの白人が僕を殺さなくても、北部の白人が僕をショービジネスから抹殺するだろう。相談した人たちはリル以外誰もが行くなと言った。コメディアンとして命取りになる、と。デモに参加して逮捕されるエンターテーナーに笑いを求める聴衆はいない、と。

部屋に二枚の航空券があった。一枚は僕の券。もう一枚は優れた黒人コメディー作家のジェームズ・サンダーズ用。二枚とも屑籠に捨てた。ＳＮＣＣの本部へは、病気になったと電話を入れよう。いや、考えが変わってしまったと言おう。ではなく、どうしても断れない契約があることにしよう。僕が電話したの

10　学生非暴力調整委員会（Student Nonviolent Coordinating Committee）。一九六〇年結成。

はSNCCではなく、病院にいるリルだった。リルはなんの心配もいらないからと言う。行きたければ行きなさいと。いつだったか、僕はリルに、ミシシッピで会ったあの黒人の話をした。他の黒人ですらニガーと呼んでいたあの綿摘み。タール紙で覆われた掘っ立て小屋に住んでいながら、この体制を壊し得る男。国中の黒人に勇気を与え得る男。アメリカを目覚めさせられる男。僕は信じた。もしもアメリカがグリーンウッドで起きていることに気づいたら、国中がそのようなことは、二度と起こらないようにすると。僕は、その大きなうねりの中の一員でありたかったけど、どうしても怖かった。

確かに僕はスピーチで何度か話した。僕が一つでも多く人種偏見の扉を蹴り倒せば、子供たちが蹴り倒さなければならない扉の数はそれだけ減ると。否、否。子供たちにその心配はさせまい……。

僕は横になったまま、行こうか行くまいか、朝方まで思案した。屑籠から航空券を拾っては、また捨てる。捨てたけど破らなかった。横になっていると、今までの人生が頭の中を巡ってくる。腹の中がひっくり返ったり、抉られたりする感じがした。セントルイスにいた頃のこと、ママのことや、トゥインキーのカップケーキとペプシコーラを買いに走って行く幼かったリチャードのこと。そのリチャードの父親は、人生をこの体制に壊され、家から出て行ってしまった。帰るのは、台所のガラス瓶に入れたあった家賃をくすねに来る時だけ。クッソウ！　僕らは、いつも走って逃げ、そして隠れていた。その時、僕が思い出したのは連れ合いを失ったあの老人のこと。そしてクライド・ケナード、ジェームズ・メレディスのことも。彼らは逃げなかった。さぁ、そろそろフィラデルフィアの夜が明ける。口の中にまたあの乾いた味がした。冷たい体に熱湯が染みわたってくる。部屋は世界最大のスタジアムの特別観覧席になった。そのスタジアムはアメリカ。生き残るための競争だ。僕の中のモンスターが言った。「行け！」。

扉が一つ減って

ミシガン州、ジャクソン刑務所に収監中の
ディック・グレゴリー

I

「顔に唾をかけられたらどうする？　殴られたら？　殴り倒されたら？　やり返すかね？」と老人が僕に訊いた。

「我慢すると思います。なるべく」

老人は首を振った。「君は使えんな」

「どう言うことですか、それは？」

「グレゴリーさん、我慢しようとするだけじゃダメなんだよ。やり返さないという信念がなければ」

グリーンウッドの街頭でミシシッピの老いた黒人のお説教を聞いている自分が信じられなかった！　彼らを応援しようとやって来たこの街で僕は使い物にならない！　僕は少し考えさせて欲しいと言った。老人は、紙おむつを乗せたような白髪頭をこくりとさせて、「また戻って来る」と言って足を引きずりながら立ち去った。

僕は考えた。考えれば考えるほど、この運動の素晴らしさの認識を新たにした。グリーンウッドに来て二日目。僕は前日の月曜日にジム・サンダースと、ニューヨーク八時発の飛行機でメンフィスへ向かった。

機内は満席。その理由は着陸して知った。司法省の者だと言う男がやって来て僕に尋ねる。

「グレゴリーさん、ここでの滞在はどのくらいになりますか」

「メンフィスに来たんじゃないです。グリーンウッドへ行きます」

「それは分かってます。あなたが帰るまで監視するようにとの命令ですから」

ＳＮＣＣの車が来てグリーンウッドへ。既に新聞各社が来ていた。全国誌のレポーターや全米ネットワークのテレビ局も。みんな、僕がいつまでいるか訊いてくる。彼らの滞在時間は僕次第。信じられなかった。僕だけのために！　ＳＮＣＣの若者たちが、僕が来ることをメディアに流したと、グリーンウッドに着いて知った。

最初の日にデモはなく、僕はその晩、満員の教会の集会で話した。まずはメンフィスのメディアと州当局の、僕への卑劣な言いがかりに反論。千四百ポンドの食糧を送ったが、その量を疑問視するなら、デルタ航空の貨物記録を調べればいい。僕のしたことで、黒人をすべて生活保護から外すと州当局が脅しているが、それはディック・グレゴリーに矛先を向けているのではなく、連邦政府に盾をついているに等しい。そもそも、この州がいきがってどんな脅しをかけようとも、アメリカ合衆国は微動だにしない。加えて言った。僕のやっていることは、売名行為にすぎないと州知事が言っているが、ならば、嘘発見器にかけてもらってもいい、望むところだ。

続いて黒人教会批判。グリーンウッドには十五の黒人教会があったが、デモ参加者にドアを開けていたのは二つだけ。僕は訴えた。牧師たちは、僕らを戦場まで導いておきながら、いざ戦いが始まると逃げる。自分の職を失うこと、教会に爆弾が投げ込まれること、募金箱にお布施が入らなくなることを、彼らは恐れていた。教会は公民権を勝ち取ろうと闘う僕らを失望させ続けている。この運動の後押しとなる判決が下るたびに「米国最高裁判所に感謝を！」とみんなが復唱してしまうのは、牧師らのせいだ。「ここからが本番だ！」と言うべきなのに。

僕は教会に集まった人たちを見渡した。健気な人たちが命を賭して集まっている。自分のもの、と言える持ち物は極わずかな人たちだ。そのわずかなものでさえ、なげうつ覚悟で集まっている。グリーンウッドに黒人の医師は一人もいない。黒人がデモに参加すると、医療を受ける権利を失う。黒人は病気にもなれない。そこには、地域をまとめるリーダーもいない。それでもデモに行く。恐らく死ぬ覚悟で。彼らの地域には黒人リーダーがいないのに。牧師たちは、尻込みしている。教師や校長も失職を恐れて参加しない。僕はその晩、みんなの前で、翌日のデモのリーダーになると言った。名誉なことだと。正直、デモの先頭に立つつもりはなかったが、教会を埋め尽くしていた自由のために死ぬ覚悟でいる人たちの純朴な顔を見ていると、それは僕がすべき最低限のことだと思えた。

翌朝、裁判所へのデモを準備していると、やって来たのはあの老人。僕を含め、五十人ほどのデモ参加者の他、新聞・テレビの報道関係者が二、三十人、ＳＮＣＣの本部の前に集まっているところで、老人は、僕を使えないと言った。しかし、彼が再び現れた時には僕の腹立ちは治まっていた。彼の言ったことが呑み込めていたから。

「ワシらの行く準備は整ったが、グレゴリーさんはどう思ってるのだね？」

「大丈夫です。やりますよ」

行進開始。老人、子供、有権者登録のボランティア、女性たち。一ブロック行進した。僕は、踏み出す一歩一歩が怖かった。いつなん時、屋根の上から弾丸が飛んでくるやもしれない。路上からの弾丸。走り来る車からの狙撃。

一ブロック分を行進すると警察に止められた。街なかでの行進は禁止だと言われる。僕たちは車に飛び乗って、二マイル先の裁判所へ向かった。そこで再度結集。警察当局を出し抜いた。裁判所は黒人に有権者登録をさせないように、その門を早くに閉鎖。僕たちは三々五々、小さなグループになってそこを離れかけた。その時だ。僕の腹に誰かの手がかかった。警官が言う。「ぶっ殺してやる」。次の瞬間、腕が後ろにねじ上げられた。押されながら道を渡る。後ろにいたのはグリーンウッドの警察官だった。

「さっさと歩け、ニガー野郎」

「おおきに、ありがとう」

「なんの礼だ？」

「北部では、道を渡るのに警察の護衛はつかないですよ。ましてや赤信号で」

「さっさと歩けって言っただろっ！　ニガーめ！」

「道が分からなくて……。この街、初めてなもんで……」

お巡りは僕の腕をさらに強くねじ上げ、後ろを振り返って叫んだ。「おーい。誰かよこしてくれ！　このニガー野郎にふさわしいところへしょっ引いてってやれ！」

何十人もの正規と非正規の警官が、腰に拳銃を構え、こん棒を振りかざしてデモ隊を小突き回していた。記者やカメラマンは、どこの交差点にも群がっていた女性、子供を含む白人たちの中を出たり入ったりしていた。僕は片方の腕を振りほどき、群衆を指差してお巡りに言う。

「あそこの女性に、ここに来てもらってくれよ。彼女に連れてってもらうから」

お巡りの顔は怒りで真っ赤になり、口角に泡を溜めていた。「ニガー、クソニガー……」と吐き捨てるだけで、他になにも言えてなかった。

僕は彼を見据えた。そして、吐き返したのは、彼のような白ん坊にとって最も侮辱的な言葉。「キサマのお袋こそニガーだ！　俺の中にもっと流れてていいはずの黒い血が、キサマのお袋の中に流れてるに違いねぇ！」

彼は僕のもう一方の腕も放して下がった。手は銃に。怒りとともに銃が火を噴く！　咄嗟にそう思った。が、なにも起こらなかった。僕は汗ぐっしょり。興奮のあまり怖さを忘れていた。僕たちは本部へ歩いて帰った。途中、警察はずっと僕たちに罵声を浴びせ続け、小突いたり、嫌がらせをして挑発してくる。僕たちは、その日の午後に、またデモ行進することにした。

僕はその日多くを学んだ。アメリカの都市に蔓延する毒のような憎悪を肌で感じた。郵便局に星条旗と同じ高さで南部旗がはためくキレイな都市にはびこる憎悪を知った。ＳＮＣＣの大学生の健気さを見た。若者たちは昼夜を問わず、寝る時間、食べる時間を惜しんで、暑く、汚い部屋で黒人が投票試験に合格できるように読み書きを教えていた。そして僕は見た——最低生活を送る黒人となにも違わない白人を。彼らと黒人を区別するものは人種隔離のトイレのみ。ヤツらが不浄な振る舞いをするのも道理ってわけだ。

その日の午後遅く、裁判所への行進を再開した時だった。九十八歳だと言うやせこけた婦人がやって来て僕に言う。「グレゴリーさん、わたしゃ、嗅ぎタバコをやるんじゃが、そんな者と街を歩くのは体裁が悪いかね？　わたしゃ、今日、あんたと一緒に行きたいんじゃ。死んでもいいんじゃ」

そして、行進再開。

南部でのデモ行進は戦地での闘いに似ている。喧騒と混乱の中、敵地に押し入っては、また新たな戦術を練るために慌てて引き返す。これが両陣営で繰り返される。なにが起こっているのか、はっきり把握できない。事態が断片的にしか見えない。なにか聞こえる。移動し続ける。疲れ切っているけれど、興奮のあまり疲労の度合が分からない。多少なりとも戦果があると、しばらく気分がいい。午後のデモでは行進ルートを変えた。街の中心部を避けて、白人の住む地域を横切ることに。警察が僕たちに追いつくのに三十分かかった。

「泥汚ねぇニガー！」

「それはお前のお袋だ」。僕は警官にそう言った。

「忌ま忌ましい黒ザルめ！」

「誰がサルだって？　サルはな、唇が薄く、青い目をしていて髪は縮れてないんだよ！」

「さっさと歩け。さっさと！」

警察は混乱しているようだった。デモの解散を迫る中、警官の一人が女性を激しく押す。彼女は頭をレンガの壁にぶつけて歩道に倒れた。業を煮やしたSNCCのメンバーがその警官に歯向かう。何人もの警官が、彼を警察車両に引きずり込んだ。五人のお巡りが彼の後に続いて乗り込み、頭を、腹を容赦なく殴りつけた。警官の一人が、他のデモの参加者に聞こえるように叫ぶ。「ジョージ！　俺のナイフ持って来てくれ！　このニガーのキンタマを抉り取ってやるから！　もう悪さはできねぇようにしてやるから！」

そこで、デモの先頭に立っていた僕は、連中が青年を返すまで一寸たりとも動かないことにした。二人の警官が僕を捕まえて、若者を放り込んだ車とは別の警察車に押し込む。片方が運転手に言った。「このニガーを扱うの、一人で大丈夫か？」

「おめぇはなぜ黒人はいつも誰かに危害を加えると思ってるんだ？　さっさとドアを閉めて、このアホに、俺を監獄まで連れて行かせてやれ！」

警官はドアを思い切り閉めて歩き去った。

連行を任された警官は振り向いて、僕の頭を平手で叩き始めた。僕は手で顔を覆う。

「手を下ろせ、ニガー！」。彼はそう怒鳴りながら、何度も僕の頭を叩いた。さほど痛くはない。彼は車を走らせ、デモ隊を三ブロックほど後にしたところで、車を道路脇に停めて振り向いた。泣いている。

「どういうことだ？　その涙も僕へのお仕置きか？」

彼は座ったまま僕を見つめて言った。夜、家に帰ると、子供たちが自分をヘンな目で見る。それがなんとも気まずいと言う。僕は狐につままれた気がした。僕を叩き続けてニガー呼ばわりしていた白人からそんな言葉を聞くとは。彼は言った。「あんたは正義感から、ここの人たちを助けようとしてる。俺はそれを阻止しなければならない。でもできない。それで、時々思うんだ。あんたは俺よりもいい人間じゃないかって」

彼は僕を監獄に連れて行かなかった。有権者登録の本部まで送ってくれた。僕は車を降りて二ドル手渡す。

「なんのためだ？」

「運転手にはいつもチップを渡すんだ。連行しないんだったら、君は僕の運転手。そうだろ？」

僕はSNCCの車で戻り、再びデモに合流。到着すると、すぐに警察本部長のハモンドがやって来た。

「なにしに戻って来た?」

「ハモンドよ、俺を逮捕したら、監獄へは担いで行ってもらわないと。さもないと誘拐したことになるぞ。連邦法に触れるぞ」

小柄な警官が近寄って来た。「ニガーめ、キサマ、監獄行きになりてぇんだな」

僕はこう言い返した。「おい、あんちゃん、聞け。俺は、お前さんを今日、シカゴへ連れてってやってもいいんだぜ。俺の家を案内しにだ。戻って来て、次はお前さんの家を案内してもらおうじゃないか。そうしたら分かるぞ、どっちがニガーか」

警官らは僕たちに背を向けて歩き去った。そして、その日のデモは終了。デモ隊は二、三人ずつに分かれて散ることに。警官は行進中の僕たちに叫んで無理やり解散させようとしていたが、結局その通りになった。

その夜、ジム・サンダースと僕は、車で五十マイル離れたクラークスデールに向かった。センテニアル・バプティスト教会での大きな集会に出るためだ。到着すると八百人ほどの人で超満員。警察官の隊列を押し分けて入ることに。壇上に座ってスピーチの順番を待っていたら、開いていた窓から爆弾が投げ込まれた。爆弾は男性の頭に当たり、さらに女性の手に当たって床の真ん中に転がった。

僕は壇上に座ったまま凍りつく。眼前に妻と子供の顔が浮かんだ。僕の人生を満たしてくれた素晴らしいものが心を過った。この場にただ座ったまま、自分が尊いと思うもの全てをなげうって死ぬ覚悟をしなければならないのか? そう思うと、この運動は死を賭してもいい、崇高なものなんじゃないかという感情が湧いてきた。見上げると、レポーターたちが立ったまま、ノートにペンを走らせていた。カメラマンはしきりにシャッターを押している。何百人もの黒人が出口に殺到していた。僕は演台へ走ってマイクをつかんだ。

「どこへ行くんですか、みなさん！　爆弾を投げた人は外にいるんですよ！　神の館の外に！　あなたたちを救うお方はここにお住まいですよ！」

みんな立ち止まる。誰かが爆弾を拾って窓の外へ投げた。

僕はしばらくして外に出ると、警察官たちがのんびりと車のボンネットに寄りかかり、ひそひそ話をしながら笑っていた。僕は電話をかけに、道を隔てた黒人の食料品店へ。警察の本部長がいた。彼はまだ僕が誰だか知らない。

「おーい、ちょっと来い」

「なんでしょう？」

「お前、あの教会から来たのか？　グレゴリーがまだ中にいる。あいつ、面白いか？」

「アホな警察の親分が、罰当たりのお巡りどもに好き放題やらせてるところで、どこの誰が冗談を飛ばしてられますか？」

怒った本部長は、顔を真っ赤にして店を出て行った。僕は教会に戻る。爆弾は陸軍の特殊な手榴弾で、催涙ガスよりも強力。爆発していたら多数の死者が出ていたはず。犯人は安全ピンを抜き忘れていた。ところが、数カ月後にはみんなが仰天することに。バーミングハムのあの教会が爆破されたのだ。

集会続行。僕は演壇に立って話したけれど、クラークスデールの黒人の反応は、グリーンウッドの黒人たちほどよくなかった。彼らは警察と職を失うことをひどく恐れているから。おまけに、手榴弾騒ぎで浮足立っていた。集会が終わると男が入って来て、僕がその晩に殺されると言う。グリーンウッドに戻れないようにハイウエーにはバリケードが張られたと。伝えに来たのは黒人だけど、警察の本部長にそう伝えるように言われたとのことだった。

教会の外で一人の警官がヒステリックに叫んでいる。「俺らの内の誰かがあの手榴弾を投げ込んでたら、爆発してたぞ！　俺らそんなドジは踏まねぇからな、絶対に！」

教会の人たちが僕とジムを取り囲むようにして四つ辻まで一緒について来てくれた。そこで、隠れるようにして、アーロン・ヘンリーという有力な黒人指導者が経営するドラッグストアに入り、迎えの車が裏口のドアに横づけになるまで一時間ほど伏して待つことに。僕たちは後部座席で身を隠し、クラークスデールに住む黒人の家へ向かった。

その夜、僕とジムは窓際を避け、一睡もしないで床に伏していた。その家の黒人が事態をどう受け止めているのかよく分からない。怖がっているとしたら、どれほど怖がっているのか。誰を恐れているのかも。電話機があったので、誰にも使わせないよう、寝ずの番。翌朝、いくつもの脇道を通ってグリーンウッドに送り返してもらった。

その日、警察は九十八歳のあの老婦人を道の真ん中で押し倒したので、彼女は側溝に転がり落ちてしまった。頭から血を流して、僕を見上げた彼女の表情と言葉を忘れない。「怒っちゃダメよ、あんた。あの人たちは、私が目当てじゃないのよ。あんたが目当てなんですからね！」

同じ日、警察はジムを逮捕した。彼にとって初めての監獄行き。彼の逮捕について報道陣に尋ねられると、僕はこう言った。「彼にとってはいい経験。筆が立つようになるのではないでしょうか」。でも心配だった。ジムは温厚で、優しく、辛抱強い男だったから。警察は、他に十八人の黒人を警察車両に放り込んで、監獄へと連行して行った。道すがら、一人の若者を撥ね、車両の中の一人を床に叩きのめしながら。ロバート・キンロック牧師は襟が取れてしまうほど強く胸ぐらをつかまれた。有権者登録のボランティアには、こん棒が飛んできたが、それは彼の肩に当たって跳ね返っただけ。お巡りたちはその日、いたって品行方正。ムービーカメラを持ったＦＢＩ捜査官が何人も街に入っていたから。

警察は僕を逮捕しなかった。小突かれたり、いびられたりはしたけれど。本部長の悪口を並べたら怒った。でも、僕を監獄に入れたら、世間の反発が大きすぎると判断したのだろう。警官の一人が僕の顔に唾をかけた。僕は反撃しそうになったけれど、あの老人との約束を思って堪えた。じっとそこに立っていた。唾が頬を伝って口に入ってくる。

「これでお前みたいに白くなったんじゃないかな。お前の唾が入ったんだから」

この日も長い一日になった。僕は病院から戻ったばかりのリルに電話して、すぐに飛行機で来るように言った。僕は彼女に、南部の黒人の素晴らしさを見て欲しかったから。読み書きを習おうとしている老人たちを。老若男女がデモ行進しているところを。お腹を空かした人が飛び込んでくるだろうから、その人が一口でもありつけるようにと、一日中食事を用意している女性たちを。リルは翌朝までに来ると答えた。

グリーンウッドでの三日目は水曜日。独りになった夜、不安が襲ってきた。静まり返った街の夜道を歩いて、恐怖がどんなものか初めて分かる。誰かに襲われても、警察は呼べない。そんな思いが頭を過る。躰い縁石につまずいて足首を折るとする。救急車が来ても、黒人だと知れば、その場に置いてきぼりだ。

て行くかもしれない。その恐怖が五臓六腑を凍らせる。

　でも歩き続けるしかない。寝るところがないから。黒人の家には入れない。入るところを見られたら、家に爆弾を投げ込まれるかもしれない。よそ様の家族をそのような危険にさらすことはできない。そこは恐怖におののく黒人の家かもしれない。だとしたら州警察にタレ込まれる。

　僕はセントルイスにいた頃のことを思い出していた。毎晩ルーズベルト大統領について、みんなであれこれこき下ろしていたこと。かつて、ルーズベルトが「我々が恐怖すべきはただ一つ、恐怖そのものだ」と言ったことを。僕は大声で叫んだ。「ウソつき野郎！」。暗闇に向かって叫ぶと少し気が楽になる。「ウソつき野郎！」

　首《こうべ》を垂れて四つ辻を曲がると人がいた。見上げると、今まで出会ったことのない、忌ま忌ましい白人が立っている。太った大きな男。禿げていて、口からは噛みタバコの唾液を垂らしている。手には二連式の散弾銃。それをもてあそんでいた。おもちゃなんかではない。それを僕の腹に突き当てた。

「キサマの汚ねえ黒いハラワタをぶち抜いてやる！」

　僕は疲れ切っていたあげく、恐怖におののき、微動だにできない。ところがその時、あのモンスターがふつふつと湧き上がってきた。彼の目を見据える僕。

「おめぇがしてぇことはそれだけか？　俺を殺すだけか？　じゃ、早く引き金を引けよ！　引けったら引けよ！　おい！」

　その度し難く、どうしようもない白ん坊は、僕の腹から銃を放し、背を向けて去って行った。骨の髄まで黒人が嫌いで、黒人の言う通りになんてできないってわけだ。

木曜と金曜はリルと一緒に行進した。警察にとってリルは群衆の一人。多くの人は、リルを呼ぶなんて気違い沙汰だと言ってくる。でも、僕はこの運動の素晴らしさをリルと分かち合いたかった。僕たちを弾圧する勢力の醜さも見て欲しかった。僕とリルが泊まっていたのはタッカー牧師の家。警察の嫌がらせはエスカレートしていて、テレビの取材班は、朝六時のニュースに載せるために、デモの出発時間を繰り上げられないかと訊いてきた。結局、デモらしいデモは中止。参加者から永遠に職を奪うため、警察がその証拠としてデモ隊の写真を撮り始めたから。警察はその写真を事あるごとに排斥と嫌がらせの口実に使うだろう。僕は、デモに参加する人がそのような目に遭って欲しくなかった。彼らはグリーンウッドで暮らしていかなければならない――僕たちが去った後も、ずっと。

四月十六日、土曜の朝、僕はグリーンウッドを離れた。情勢は落ち着いた。いくつかの交渉も成立。逮捕されたデモ参加者も釈放された。市当局は、黒人が有権者登録をするために、街の端にある裁判所までの長い道のりを歩いて行かなくても済むように、バスを運行すると約束した。引き換えに、僕たちは州の住民ハラスメントを連邦裁判所に訴えていたが、それを取り下げ、僕が街を去るという条件も呑むことに。僕は多くを学んで、より強い人間になった気がした。以前より怖くない。初陣を飾った兵士の気分だ。

グリーンウッドでは、僕が永久に知り得ないことがたくさん起きていた。今はまだ語れないことも。語れないのは、その闘いが今も続いているから。北部に戻った僕は、改めて恐怖心に見舞われた。それは今までとは違うものに対する恐怖だった。

例えば、北部でのいくつかの報道機関は、教会に投げ込まれたのは爆弾ではなく、フットボールの中の空気袋だったと報じていたこと。グリーウッドでの運動は敗北に終わったと報じられ、僕は間抜けを演じたこと。実際のところ、それは現地にいたレポーターの報告をもとに、北部の編集者たちが、事実を捻じ曲げて報道したものだった。

それにも増して恐ろしかったのは、北部の黒人が、僕は本当に売名が目的でグリーンウッドへ行ったのかと訊いてきたこと。

アメリカの黒人が同胞に援助の手を差し伸べると、その人の動機が疑われることを僕は学んだ。僕がショービジネスから手を引いて、平和部隊にでも入ってベトナムへ行ったら、白黒問わず、誰もその動機を確かめる人はいないだろう。でも、黒人になにかしてあげようとすると、どうやら……。

これは一筋縄ではいかないと思うに至った。根深く、計り知れない問題だ。

II

正義のために監獄に入る。上等じゃないか。しかし、正義だろうが、悪事だろうが、あの分厚い鋼の扉が閉まって鍵の回る音を聞くと、自分が正に監獄にいることを実感させられる。一九六三年五月、バーミングハムでのことだった。バーミングハムへ行ったのは、マーティン・ルーサー・キングに呼ばれてのこと。着いたのが月曜日の午前十一時三十分。その一時間半後、僕は八百人ほどのデモ参加者とともに監獄に収容された。収監されるのは僕にとって初めてのこと。

「ディック・グレゴリーか?」

「ミスター・グレゴリーです」

襟元をつかまれてから足が再び床に触れたのは独房に入れられた後。

その日の午後遅く、下の階の牢へ移された。収容人数二十五人。でも、五百人はいるのではないかと思うほどの大所帯。すし詰め状態だった。食堂へ移動する時は、通路に人が溢れていて一歩も踏み出せない。みんなじっと立ったまま、群れの流れに身を任せるような状態。最後に戻った人は横になって寝られなかった。

四歳ぐらいの男の子が隅に立って親指をしゃぶっていた。可哀そうに、遊び相手になるような子はいない。頭を撫でてやって、大丈夫か聞いた。

「大丈夫」と言った。

「なぜここにいるの？」

「ジューのため」。「自由」と発音もできない言葉のために幼い子が牢にいる。

年長の子供たちは座ったまま、讃美歌などを歌って夜が明けるのを待つ。いつ出られるか、それを知る人は誰もいない。外での運動の様子が知りたくて、新しい逮捕者が来るのを待った。ただそこにしゃがんでいるばかりで、外では革命へ向けての第一歩となる本当に大きな闘いが始まっていたことを誰も知らなかった。また、ブル・コナー[1]という名の男が、同じアメリカ人に対して、どこまで残虐非道になれるか、それを世界が知り始めていた。彼は凶暴さと愚鈍さを象徴する人物になっていた。それにアラバマ州が、アメリカを蝕む癌の象徴になっていたことも。監獄の壁の外では警察が犬をけしかけ、デモ隊に噛みつかせていた。激しい放水や銃床での小突きがあって、警棒が振り落とされる。黒人の血が流れた。白人の血も。善人も。悪人も。老人、女性も、子供も血を流した。僕たちも闘っていたけれど、現場のリアルな情況に関しては、監獄の外の人たち、言うなれば世界の人たちの方が、僕たちより正確につかんでいた。爆弾、兵士、そして殺戮を見ていた。監獄の外には、マーティン・ルーサー・キングが小さな子供まで参加させていることに震撼する人もいれば、自由は黒人の子供のためにでもある、と理解を示す人もいた。生

1　アラバマ州バーミングハムの警察署長、公安委員長（一八九七－一九七三）。

死を賭けた全面戦争になったら、総動員を強いられる。ヒロシマでは幼い子も犠牲になったのだから。

看守らが朝食を配る。二十四時間、なにも食べていない人もいた。空腹状態で口にする食事はうまい。看守らはなかなか食事を与えないばかりか、僕たちをいたぶりもした。二日目、連中は扉を開けて、手を伸ばし、子供を何人か引っ張り出そうとした。子供たちは拒む。看守らは扉を開けようとするが、僕たちは閉めようと必死だ。鉄格子からはみ出ていた僕の腕を、看守の一人が警棒で叩きつけた。無抵抗主義が吹っ飛ぶ。勢い、扉を開けて彼をめがけて飛び出した。そのまま五人の看守の腕の中へ。

それまで経験したことのない、完璧なる仕置きを喰らった。正にプロの技。頭のてっぺんからつま先まで。そして、つま先から頭のてっぺんへ。これぞ満身創痍。でも、耐え難い痛みを感じたのは、顔を触ってみようとした真夜中あたりから。腕が顔まで上がらなかった。かまうもんか。こっちは自由のために死ぬ覚悟だ。仕置きがなんだ。しかし、それからの数日は死ぬ方が楽だと思った。

とはいえ、痛んだのは身体だけ。黒人の魂にはタコができている。それは硬くなるばかりで、ちょっとやそっとのことでは痛まない。自然の摂理だ。きつい靴を履き続けたらタコができるのと同じ。生まれた時は裸足だ。その足に人間が靴を履かせる。それがキツく足を締めつける。悲鳴を上げるほど痛い。でも、履き続けるとやがてタコができる。そのタコが靴を破る。

同じことが今のアメリカの黒人に言える。その靴――即ち白人の体制――は、黒人の魂を破壊寸前までギリギリと締め続けてきた。でも、僕たちはつぶされなかった。魂にタコができていた。体制がそのタコに合わせないと、やがて破れる。

僕はバーミングハムの監獄にいた五日間、ずっとそのことを考えていた。その一方で、マーティン・ルーサー・キングがアメリカを喚《よ》び起こしていた。

Ⅲ

グリーンウッドから戻った時、ナイトクラブのショーでは、売名のためのパーフォーマンスだったろうとヤジる客もいたが、バーミングハムから帰った時は、敬意を払ってくれる人が多くいた。楽屋に来て握手を求めたり、「神のご加護がありますように」と言ってくれたり、有意義な運動を是非続けて欲しいと励ましてくれたり。黒人だけでなく、白人もそう言ってくれたのには驚いた。実のところ、バーミングハムで投獄され、そこで半殺しの目に遭ったと知られたことで、業界から干されるのがオチだと思っていた。

僕はナイトクラブでの仕事を減らし、基金を募るためのチャリティーショーを開いたりデモに参加したり、また、集会に出るために、全国を奔走。五月にサンフランシスコのナイトクラブ、ハングリーアイでのショーをやるようになったけれど、ミシシッピのジャクソン市でデモが始まったので、長くは続けられなかった。ジャクソンでは、メドガー・エヴァースが陣頭指揮に当たっていたので、僕にもなにかできないか電話して訊いてみた。僕が公民権運動に打ち込むようになったのは、メドガーに負うところが大きい。彼が一九六二年にジャクソンに呼んでくれていなかったら、僕は連れ合いを亡くしたあの老人に会っていなかった。クライド・ケナードの名を聞くこともなかった。メドガーは来てくれと言った。

ハングリーアイのオーナーのエンリコ・バンドゥーチに会いに行って、やめさせてもらいたいと申し出た。同胞が僕を必要としているからと。バンドゥーチは白人。僕がショーをやるのを一年待っていたが、彼は瞬き一つしなかった。

「グレグ、君は立派だ。頑張って」

サンフランシスコでの最後の夜。忘れもしない土曜の夜。僕は初めて死を感じた。それは、腹の中に湧いた変な感覚。誰かが死ぬという虫の知らせ。僕は弁護士に電話して遺書が整っているか確かめた。シカゴへ飛んで、リルに伝える。僕がジャクソンで殺されても、子供たちに憎しみを教えてはいけないと。リルはソファーに座ったまま目を大きく見開いた。その目には溢れんばかりの涙が溜っている。僕はこう言った。子供には、パパは大丈夫だからと伝えて欲しい。多勢に立ち向かう兵士は強くなければならない。相手には犬がいて、消火ホースがある。警棒も。でも、子供には教えて欲しい——人を嫌う気持ちを持ってはいけないと。そして、僕がしていることの素晴らしさを伝えて欲しいと。

僕はベッドルームへ行って、ミシェルとリンにキスした。そして、リチャード・クラクストン・グレゴリー・ジュニアにも。生まれて二カ月半。僕はまだ息子をちゃんと知らない。

ジム・サンダースが下の部屋で待っていた。僕はポケットにショーで使う飛び出しナイフが入っているのに気づいて、置いて行こう、と上に戻った。リルはバスルームにいた。息子がおむつを汚して泣いている。抱き上げると、泣きやんで微笑んだ。息子を見に来たリルも微笑んだ。

「ジュニアと遊んだのは今が初めてね、グレグ」

「いつか来るよ、リル。父と息子、男同士で語り合う日が」

僕はまた息子にキスを。リルには、ジャクソンに着いたら電話すると約束した。

電話はしなかった。デモを計画した人たちは、その日曜日の朝、ジムと僕をすぐに黒人の牧師の家に案内した。リルへの電話は、折を見て公衆電からかけることにして、僕ら二人は寝ることに。寝入りばなに電話が鳴った。メドガー・エヴァースだった。

「グレグ、家に電話を」

ゾクッとした。メドガーの声はまるでリングル先生の声のよう。先生が映画館に来て家に電話するようにと言った時の声。ママが死んだ晩の声だった。

「どうしたんだ?」

「分からない。早く電話を。息子さんの具合が悪いようだ」

「そんなはずはない。夕べダッコしてあげたばかりだ」

「電話してくれ」

「なぜ?」

「いいから早く」

「メドガー……」

「死んだんだよ、息子さん」

感覚が失われていく。吐きたい。でもどこかで期待している。リルが電話に出るのをヒステリックに待つ僕がいた。

「すぐ帰る。愛してるよ、リル。すごく」

メドガーに折り返し電話した。僕は、彼がジャクソンでやっていることはアメリカにとっては息子の死より大事なことだと分かってる、大事だけれど帰る。すまないけれど帰る。そう告げると、彼は分かったと言った。ジムと僕は着替えをジャクソンに置いたまま、シカゴに向かう。リルとどう向き合えばいいのか。そればかり考えていたせいか、フライトは短く感じた。僕が家を留守にばかりしていたので、リルは子供らの父親でもなければならなかった。子供たちにとって僕はまるで他人。そんな父親が激戦の最中に死ぬ。そう確信していた僕が、家で温かく見守られていた息子の死を知るとは！

ドアを開けると、リルはソファーに座っていた。ジェット誌の編集長、ボブ・ジョンソンが一緒にいる。僕を見てリルの目は一瞬輝いたが、すぐに虚ろになった。彼女に歩み寄ると、電話が鳴った。アラバマからの受信人払いの長距離電話。繋いでもらった。かけてきたのは白人女性。

「グレゴリーさん？」

「はい、そうです」

「今、ラジオで知ったわ。息子が死んだのね。いい気味だわ。あぁ、よかった。嬉しいわ、本当に。なによ、あんた。こっちに来てはいらない騒ぎを起こしてさ。こっちの人間でもないくせして……」

「僕も嬉しいです。息子に五百万ドルの保険金をかけてましたから……」

長い沈黙が流れた。彼女は言った。「ごめんなさい。許して……」

長い、長い夜だった。時折、ほんの少しの間、リルとの会話が成立したけれど、彼女はもっぱら手を膝に置いたまま、じっと壁を見ているだけだった。なにか言うと、その声は冷たく、遠かった。同じ話を繰り返すばかり。その前の晩、僕が家を出たすぐ後、リルは十二時に就寝、四時に起きてリチャードに授乳。

リチャードは元気そのもの。お乳をたくさん飲んだ。八時にはいつものように泣き声で起きると思いながらまた寝た。その泣き声がない。びっくりして九時に飛び起きた。抱き上げた。温かかったけれど死んでいた。叫びながら廊下に飛び出す。近所の人が救急車を呼ぶ。救急隊員は呼吸器を持って来た。病院で医師が、夜に症状が出る肺炎だろうと言った。赤ちゃんによくある症状だと。後で知ったことだが、医師の言った通り、年間何千もの赤ちゃんが、そのようにして命を落とすらしい。

その晩、たくさん電話があった。要件はいろいろ。大半は慰めの電話だったけれど、惨いものもあった。リチャード・ジュニアを出してくれ、と言うものまで。牧師からの電話が多かった。彼らにとって、息子の死は、グレゴリーの捕獲が解禁になったことを意味した。息子の葬式は教会の宣伝効果抜群。ラジオで自分の説教の五分間番組を持っていた牧師は、事前にその日の説教を録音。それが流れる時間に合わせて家にやって来た彼は居間のラジオをつけて、自分がディック・グレゴリーの試練について語るのを聞かせようとした。僕はボブ・ジョンソンに頼んで、葬儀をお祭り騒ぎにしない牧師を探してもらった。葬儀場を即息子の天国にしない牧師を。ボブはマック牧師に頼んでくれた。

また電話が鳴った。グリーンウッドからの電話。男だ。南部訛りだったので一瞬黒人かと思った。

「グレゴリーさん？」

「はい」

「いつまたこっちへ？」

「行けるようになったらすぐに」

「なぜ今ジャクソンにいねぇの？」

電話の向こうで誰かが小声で言っている。「息子のことを聞けよ、息子のことを」。白人に違いないと思った。

「息子はどうしてる？」

「元気ですよ。いたって元気」

「なぜジャクソンにいねぇんだ？」

「行く気になれなくてね。おいらニガーは怠け者だから、分かるだろ？」

「てっきりジャクソンにいると思ったぜ、今朝は」

「バカか、お前は。俺が今朝ジャクソンにいたら、どうやって今夜こうしてシカゴで電話が受けられるんだ。それに知らねぇのか、白いの。ニガーは飛行機が怖いんだ」

「グレゴリーさんよ。ジョークを何発か言ってくれねぇか？」

「聞けよ、白いの。北部のニガーは、お前ら南部の白い連中より学もあって、いい生活をしてるんだ。夜十一時半を回って働くヤツはいない。電話するんだったら、こっちの勤務時間中にしろ」

僕の声に同情や寛容を求める響きがなかったからだろう、彼らは己を恥じるようだった。狭い了見ながら、彼らなりに後悔しているのかもしれない。

「おやすみなさい、グレゴリーさん」。その声は柔らかい。通話が切れた。

僕はリルのところへ戻って、二本の嫌がらせ電話があったことを伝えた。リルは悲嘆にくれて泣いた。

「これで分かるだろ？　僕が、この運動は君よりも、僕よりも、子供たちよりも大事だって言うのが。こんな時に、いい大人が、リチャード・ジュニアを電話口に出せって言うんだから、こいつらは、僕たち家族だけの不幸を喜んでいるのではない。この運動の挫折を期待するのはもちろんのこと黒人社会そのものを目の敵にしてるんだ」

リルは分かったと言った。そしてまた他のことを漠然と考えるようだった。ミシェルとリンは二人とも別の部屋でおとなしくしていて、僕たちを煩わせなかった。リルはなにが起こったかまだ二人に言っていない。僕はミシェルをバスルームに連れて行った。

「ミシェルちゃん、リチャードは?」

「いないの」

「いない?　どこへ行ったの?」

「びょういん」

「いつ帰ってくる?」

「帰って来ないの。もう一人リチャードをつくらないと」

「なぜ帰らないいって知ってるの?」

「ママの顔を見て」

十二時だった。最後に息子を抱いたのがちょうど二十四時間前。ジャクソンのデモに加わっていたかったけれど、傍には気がヘンになりそうになっている妻がいる。牧師に葬儀の準備をするよう頼んだ。ボブ・ジョンソンに帰ってもらって、子供たちを寝かせた。さぁ、次はリルを納得させなければならない。すぐに。そして、頭をすっきりさせて、ジャクソンに直行だ。

ベッドルームへ行くと、リルはベッドの上に横になって天井を見ていた。胸にリチャードの毛布を当てて、それを握りしめている。リチャードを失ったショックに沈む彼女を救い出せるか、さらにその深みに落としてしまうか、僕はその賭けに出た。彼女のベッドの脇にひざまずいてこう言った。

「リル、ちょっといいかな」。彼女に触れると、身を捩じって離れた。

「リル、リチャードは僕の息子でもあったんだよ。君と悲しみを分かち合ってもいいかい？　少しでも」

彼女は僕を見つめた。じっと僕を見続けたのは、僕が戻ってから初めて。僕の手をつかんだ。

「僕、ジャクソンで殺されると思った時のこと、言ったよね。覚えてる？」

「ええ」

「遠回りしてシカゴに戻ったよね、子供たちには人を嫌うように育ててはいけないっていうことを説明するために。で、リチャードを初めて抱き上げた。ハグしてキスして、遊んであげた。覚えてる？」

「覚えてるわ……」

「キスして言ってやったよね、パパはお前のためにもっといい世の中を創ってあげる、って。僕にとってこの世が、あと何時間かしたら、終わるかもしれないのに」

「覚えてる……」

「リルよ。昨夜、ミシシッピへ行ったけど、僕はあそこで殺されると思ってた。いとも簡単に。それを覚悟してた。だからリル、君かリチャードが急病になって、みんなが僕に帰るように言っても、僕は帰って来なかっただろう。そうだよね？」

「そうね……」

「覚えてるかい、去年君が流産した時のこと。ニューオーリーンズで騒動があった時のこと。僕は飛び乗らなければならない飛行機があって。それで、救急隊員が君を車椅子に乗せて病院に連れて行く際、君に金額未記入の小切手を渡したよね。だから分かるよね、今の僕を南部から引き戻すものは、死以外にないって」

「ええ、グレグ。分かってるわ」

「ありがとう。それでいいんだ。だって、考えてもごらん。もしこうして今日戻ってなかったら、殺されてたかもしれないんだから」

「それは考えなかった」

「でも分かるよね」

「ええ」

「あのね、リル。これは、もしかしたら神の仕業かもしれない。僕の命と引き換えに息子を身代わりにしたのかもしれない。神ってそういうことをする、そう考えられないか？」

「そうね」

僕はリルの手を強く握る。今まで一度も口にしたことのない、最低なことを言おうと決心して。そのまま目を覗き込んで言った。

「神は忘れろ。君が決めるんだ」

「どういうこと？」

「君が決めるんだ。神なんてどうでもいい。僕が今朝ミシシッピで殺されることになったとしよう。しかし、リチャードを犠牲にすれば僕を救える。もしも君がそれを決める立場にあったとしたら、どうしてた?」

　僕はひざまずいたまま、人間のものとは思えないほど歪んでしまった女性の顔を見た。眼は僕に憎悪を向ける二つの穴と化している。彼女は身体を捩って僕の手を振りほどいた。僕はベッドに飛び乗り、彼女を押さえて叫んだ。

「神なんてどうでもいい。これは君が決めることだ。君の胸三寸で決めることだ。僕かリチャード・ジュニア。さぁ、どっちだ……?」

　リルは身体を捩って、押さえつける僕から逃れようとする。わめいて蹴って、そして突然力が抜けた。リチャードが死んでから初めて、彼女の目に生気が戻った。こわばっていた身体がほぐれ、いく筋もの涙が頬を伝った。

「リチャード・ジュニア……」。リルはそう言った。


　葬儀の後、僕はジム・サンダースとジャクソンへ戻った。その途中ずっと考えていた。僕は泣き続ける女性にショックを与えて、彼女の悲嘆を取り除こうとしたが、この僕に、息子の死を目の当たりにした母親の悲しみを奪う権利があっただろうかと。でも、リルは強かった。悲嘆から立ち上がった。僕は苦境から解き放された気になった。なにが起こったか、ようやく把握した気がして自分もショックを受けた。繰り返し、繰り返し、死を感じた時の自分を思案する。リチャード・ジュニアはまだ赤ん坊。死んだのは戦場に赴く兵士ではなく、しっかり守られていた赤ん坊。そんな思いを巡らしながら、ミシシッピに着いた。

　今回のミシシッピでの滞在は短かった。どこか不思議な空気が漂っていて、デモの運びもうまく行かない。子供たちの参加が多く、彼らは、親の許可が必要ということで、一筆もらってくるよう送り返されていた。二人の若い黒人がデモに参加せず、道を歩いていた。一人は兵士。僕はなぜ一緒に行進しないのか訊くと、兵士は軍隊に入っているからだと答える。僕は返した。「そうだろうとも。その軍隊が、君を世界のあちこちに送り込むんだぞ。異国の人の権利をも保証するためにな」。兵士の友人は、自分は暴力的になるから参加しないと言う。僕はこう尋ねた。「それはもっともだ。でも隔離政策の扉が叩き壊されて、君を初の黒人刑事として雇うと言われたら、君は暴力的だからと言って断るか？」。二人は一緒に行進すると言った。

レナ・ホーン[2]が登場。彼女が演説するとみんなの士気が上がった。みんなのアイドルが「私はあなたたちとともにあります！」と言う。大事なことだ。教会がこの運動に目覚めて先導することを恐れているような地域では重大な影響力をもつ。

僕はメドガー・エヴァースに、ジャクソンではなにか悪いことが起きる、ことの成り行きが変だ、と伝えた。でも、それがなんなのか自分でも分からない。僕にできることはあまりない気がした。メドガーが泣いていたのを忘れられない――同じように感じていたのだろう。僕は、またミシシッピを離れることになって残念だと言ったけど、メドガーは僕が電話一本で戻って来ると分かっていた。いつだって。彼は分かっていると言った。

僕たちはサンフランシスコへ戻って、ハングリーアイでの仕事を再開。エンリコ・バンドゥーチに契約の途中で抜け出してしまったことを謝り、まだコメディアンとして活躍できる間は毎年彼のところで働くと約束した。

ハングリーアイでの最初の二日間は仕事に集中できなかった。リルのこと、メドガーのこと、リチャード・ジュニアのことで頭がいっぱい。一週間前、サンフランシスコで、死が迫っていると感じたことが不思議でならなかった。誰かが殺されると確信していた。そしてその誰かは僕だと。だから、どうしても理解できなかった。その死が、僕にではなく、世界でも有数の小児病院で生まれた赤ん坊に訪れるとは。裕福な家で、愛情に包まれた赤ん坊を襲うとは。理不尽だった。

そう、死とは理不尽。ハングリーアイでの二日目の晩、ビリー・ダニエルズがバークリーでの歌謡ショーの後、車を飛ばして伝えに来た——メドガー・エヴァースが殺された。

2　ジャズシンガー（一九一七-二〇一〇）。公民権運動に参加するなど、人種差別問題に取り組む活動家としても活躍した。一九八九年にグラミー賞功労賞受賞。

Ⅳ

メドガー・エヴァースの棺の後についてジャクソンの通りを歩いた。葬列は延々と続く蟻の隊列のよう。人、人、人。老人、若者、黒人、白人、そのどちらでもない人。縮れ毛、セットした髪、ブローした髪。トムマッキャンを履いている人、バスターブラウンを履いている人、裸足の人。みんなが長い道のりを歩いた。神に直訴できるほどの人の数。メドガーを目の敵にして必死に抑え込もうした白人の警察官らが、今度は葬列を通そうと交通整理をしていた。白い手袋をはめた手を振って、白ん坊の車を止める。メドガーを通すために。白ん坊どもは、ただ葬列を眺める他なかった。一人の人間が正義と真実のために闘っている時に、一言も発しなかった白ん坊どもだ。一人の人間が、自分の家の前で背中に銃弾を浴びて倒れてもなにも言わなかったヤカラだ。葬列が通るのを見たその日の白ん坊は、車の中でビクつくしかなかった。正義と真実を撃てば、それはさらに勢いを得て立ち上がって来ると認めることすら怖くて。

三八度、暑い日だった。ズボンの折り返しからジャケットの襟まで汗でぐっしょり。靴の中まで。ハンカチを取り出して絞ったら手に汗が流れ出た。

多くのメディアが来ていた。ライフ誌のカメラマンがメドガーの棺の上に立たんばかりに、エヴァース夫人を撮る。みんな息を呑んだ。僕もが。でも、夫人の顔に一筋の涙が流れるその印象的な写真を見た時、そのカメラマンが棺の中に入って撮ったとしても、許されただろうと思った。

その晩ジム・サンダースと僕は、サンフランシスコのハングリーアイに戻った。ジムは、メドガーの葬儀があった日の晩に、なぜ僕が客の笑いを誘っていられるのか訊いてきた。僕はこう答えた。才能を売るというのは娼婦になること。娼婦はお客が求めることをすると。

その晩、ディック・グレゴリーはとび切り面白かった。

V

太陽が照り輝く昼下がりの森の中。みんなピクニックを楽しんでいる。笑っている。草野球をしていると、突然夜になる。一人ぼっち。冷たい暗闇の中を走る。頭や肩を鞭のように打ち続けるなにかから逃げる。とんでもない方に向かって走っているかもしれない。足が痛い。腹も。雨が降り始める。冷たく激しい雨だ。逃げ切れなくなったところで倒れて言葉を吐く。「いいよ、捕まえて」。突然、雨が止んで陽が射し込む。鞭のように叩きつけていた木々の枝が光の中で優しく、美しい。鳥がさえずり、ウサギが跳ねる。両手を枕に仰向けになる。リスがやって来て頬を舐める。小鳥が僕の胸にとまる。したり顔になって笑みを抑えられない。そこで、自分に訊いてみる。「なにを怖がっていたんだ」と。するとまた、冷たい闇に包まれる。再び走り出す。今度はなにから逃げているのか分かっている。それが一九六三年の夏だった。

その年の夏はメドガー・エヴァースの葬儀から一週後、セントルイスで始まった。ＡＡＵ[3]が、モスクワでソ連チームと対戦する選手の選抜大会を開いていた。僕は黒人選手たちに、モスクワでの出場をボイコットするよう提案する。この国が破滅するより国際的に辱めを受ける方がましだと言ったが、理解されなかった。

僕は彼らに語りかけた。交渉もした。街角に立ってビラも配った。彼らに叫んで訴えた。「聞けってば！……いいか。君たちは敵地では白人と一緒のトラックで走れるんだ。でも、この国の南部ではそうはいかない。君たちはこの状況を打ち砕く力があるんだ。競技を通して国の名誉を守るのは意味のあることだ。でも、君たちはこの国を救えるんだ。そのチャンスは今、君たちの手にあるんだ！」

選手たちは若かった。祖国が辱められること、公民権運動を前面に打ち出すことを嫌った。運動が国際的な耳目を集めることに積極的でない。フルシチョフ首相がソ連のトラックチームを引き連れて、大会をニューオーリーンズで開催するよう要求したらソ連が勝つ。黒人は出場できないから。そう言っても彼らは理解しない。大会後、僕は幻滅と失望を胸にセントルイスを発った。選手たちはあの街で、この運動を救えたはず。彼らが競技をボイコットしていたら、アメリカは国家的な屈辱を避けるため、人種隔離政策を撤廃していたはずだ。選手たちはモスクワへ飛んだ。国はゴミ箱の底に火が点いているのを見ぬふりして、臭いものに蓋をした。

セントルイスでの試みに失敗して、僕は息抜きにリルと子供たちをホノルルへ連れて行くことに。ハワイではゆっくり考えることができた。自然に触れると知恵が湧いてくる。休息のためのハワイだったけれど、チャリティーショーをいくつかやってラジオの番組にも出た。ハワイでは人種問題はほとんどないと聞く。あるとしても、妊婦のお腹がほんの少し膨らんだ程度の目立たないものだと。

シカゴへ戻ったら、ある手紙が待っていた。目を通すと涙が込み上げてくる。僕の名が「現代米国名士

3　アマチュア運動連合（Amateur Athletic Union）。全米体育協会と表記されることもある。一八八八年設立の非営利組織。

録」に載ったとの報せだった。

こうやって報われるからこそ、多くの人が自ら命懸けで闘う。この偉大な国を蝕み、破壊しようとする憎しみの癌から救おうと。生活保護家庭に生まれ育った黒人が名士録に載る国が他にあるだろうか？一九五二年、僕は生活保護受給者リストに載っていた。それが一九六三年には有名人が載る名士録に。邪悪なものが渦巻く欠陥だらけのアメリカだが、森を抜けると輝く太陽がある。でもまだ分からない――それが昇る太陽なのか沈む太陽なのかは。

僕は居間のソファーに横たわって名士録の本部からきた手紙を何度も読み返す。泣いた。感極まった。そして強くなった気がした。ラジオをつけたら、シカゴで、学校の改善を求めるデモが起きていて、逮捕者が出ているとのこと。僕はジム・サンダースに電話を入れた。着替えてリルと一緒にシカゴの街頭へ。シカゴ当局は、安寧秩序を脅かすという名目でデモ参加者を逮捕する。僕がバーミングハムやジャクソンや南部の他の都市で捕まったのは、無許可デモに参加したという理由から。僕は自分の住む北の街シカゴより、ミシシッピの方が尊厳のある街、より真実のある街だと思った。南部では僕たちは、とんでもない扱いを受けるけれど、とりあえずはデモ隊扱い。シカゴでは犯罪者。服は剝ぎ取られ、持ち物は没収された。看守が取り仕切っていたら、間違いなく酷い目に遭っていただろう。だが、そこは受刑者らが自主管理していて、彼らは僕たちに同情的だった。保釈金の支払いを拒否する収監者、正義のために収監される者に会ったことがなかったからだろう。

黒人の警察官が黒人を逮捕するのを見ると苦いものを口にした気になる。北部で白人の公民権運動家を見るのと同じ気分。でも、北部での、監獄の実態を知ると吐き気を催す。僕は他の受刑者と一緒に収監されたことがない。受刑者が自ら監獄を取り仕切っているとは夢にも思わなかった。古株に頼めば、タバコも、キレイなシャツも手に入るし、外との電話もできる。シカゴの南地域で手に入れるより、きっと監獄の中での方が、純度の高いヘロインが容易に手に入る。それまで嘘のつき方を知らなかったヤツ、インチキができなかったヤツ、盗みが働けなかったヤツ、人を脅せなかったヤツはみんな監獄に入って、いち早くその技を身につける。多くのヤツがナイフを持っていて、飢えた「オカマ」たちは若くてハンサムな相手を求め、犬のように争う。

監獄で問題発生。関わっていたのは僕とジムと若い白人のデモ参加者一人。看守らはその白人の若者を廃品置き場での作業に回そうとした。僕とジムは彼の処遇に抗議して、看守長が課した事務作業を断った。そもそもまだ裁判すら受けていなかったのだから。そして直ちに独房に放り込まれた。

受刑者のリーダーは南部の黒人。シャバではポン引き、盗人、麻薬密売人、強盗。刑務所を出たり入ったり。終身刑を彼なりに分割して服していると言っていた。人生の大半を刑務所で過ごし、かなりの読書家になっていた。僕のところへ、公民権運動の素晴らしさに感銘していると伝えに来た。もしも平等の権利を与えられていたら、こんなところに入っていなかっただろうとも。彼は僕を独房から出すと言ってくれた。僕は「ありがとう」とだけ答える。できるはずがないと思った。

僕は監獄の流儀をいろいろ学んだ。その晩、受刑者のリーダーが、ずけずけと主任看守のところへ歩み寄ってこんなことを言った。

「おい、ポーランド野郎よ。おめぇ、最後のおまんまになるかもしれねぇザワークラウト缶をしっかり食っとけよ。グレゴリーさんと仲間を独房から出さねぇと、俺かおめぇのどっちかが死ぬからな」

看守は僕たちを独房から出した。

裁判は監獄よりずっと辛かった。陪審員抜きの短い裁判官裁判だったはずが、一日中、延々と続く。北部で受ける初めての裁判。警察に嘘をつかれたのも初めて。

南部では警察は嘘をつく必要がない。平然とニガーと呼ぶし、裁判官もそう呼ぶ。刑期つきの有罪判決が黒人に下されるのは周知のこと。一方、黒人を公にニガー呼ばわりできない北部では、あたかも、公正な裁判を行っているかの体裁を整えなければならない。

シカゴ警察は終始出まかせばかり。僕は泣いて訴えた。警官の一人はジム・サンダースが口答えをして手を上げたと証言。別の警官は僕に対してこう言った。デモ隊が制御不能になったのは僕が現れてから。それまでは一人の逮捕者も出ていなかったと。裁判になって初めて僕に対する訴状に、訴人の署名がないことが明らかになった。十一日も監獄入りして、署名なしの訴状がオチとは。裁判官は閉廷を宣言しただけ。判決の言い渡しは拒否した。さぁ、解放だ、リチャード・J・デーリー市長が君臨する、腐敗し切ったシカゴへ！　我ら黒人奴隷の言葉ならこうだ。「デーリーご主人さまの農園へ」

ナイトクラブでのショーがあって、ロサンゼルスへ飛んだ。一晩だけのショーで、すぐに東部に引き返した。長いこと闇に包まれていた森に光が差し込んだ、あの美しい夏の日のために。そう、ワシントンで大行進したあの日のために。

栄光に輝いた日。米国史上初めて首都ワシントンで数当て賭博場が閉まり、唸るほど金がある最上級の娼婦が三十ドル貸して欲しいと言ってきた。ワシントンへはキレイなお金で行きたいからと。

白ん坊は暴力沙汰を期待している。手ぐすね引いてそれを待っていた。三百年の怨念を抱く民の結集。

白人、黒人、お互い、頭のかち割り合いがあって当然と思っていた。戦争なんてものは国境沿いの些細ないざこざで始まってしまう。僕たちも要注意。見てたもれ！　足には新しい靴、頭には新しいウィッグ、そしてよそ行きの服を着こんだみんなを。だって初めてだ。ノーベル賞受賞者の御方や大物エンタテーナー様だけではなく、みんな、一人残らず招待されたところへ行くのだから。僕はリルと子供たちを連れて行った。なんとしてでも、二十世紀を飾る歴史的な日を目の当たりにして欲しかった。

飛行機を降りた時、僕は緊張しっぱなしだったけれど、誇りに満ち溢れていた。シワの入ったスーツではいけないと思い、着替えにホテルに直行。オシー・デイヴィスが、彼のショーの途中で、大集会を中継するコマを入れるから、そこの司会を任せたいと打診してきたが辞退した。白人の中には僕の芸風を好ましく思っていない人がいる。デモに加わっている僕が、彼らの茶の間に顔を出してはいけないと思った。この素晴らしい日を寸分たりとも汚したくない。誰にも嫌な思いをして欲しくない。そして、なにを隠そう――僕はあの大群衆の前にこそ立ちたかった。

僕たちは道行く大勢の人を見ていた。ヘブライ語のプラカードを持つユダヤ教指導者が通る。顔を見れば、そのプラカードにはなにか喜ばしいことが書いてあると分かった。ぶつかる人も、お互い、「あっ、失礼！」と交わす。マーティン・ルーサー・キング先生が、なぜか「チキンにマヨネーズを塗ると気を失う」と言っていた。大事な日にそれはまずい。みんな忠実に従い、塗らずに食べた。残った骨は捨てずにポケットに入れる。

とんでもなくすごい！　リンカーン記念堂の階段の上から見渡すと、そこに世界中の人を見るようだ。誰もが太陽の光を浴びて笑っている。歌っている。黒人も。白人も。とっておきの服、完璧な作法、見事な振る舞い。それは、白ん坊たちが、一級市民にはなり得ないと決めつけていた黒人が、多くの白人よりも「一級」であることを世界に示した日だった。大行進を計画し統率したベイヤード・ラスティン。白ん坊はいつになったら気づくのだろう——彼のような人物が、白ん坊が抱える問題の解決を導くのだと。

主催者たちは、僕からも一言欲しいと言ったが遠慮した。そこをなんとかと言われて僕はご満悦。せっかくなので少しだけ笑いを届け、家族と一緒に芝生の上に座った。

その日のクライマックスはマーティン・ルーサー・キングのスピーチ「I Have a Dream」。あれほど多くの人が一緒に泣いたことはない。涙を見せたくなくても泣いた。演説が終わった後も、僕はそこに座り続けた。どこへ向かえばいいのか分からなかった。頭の中は、栄光の日の、限りない思いで溢れていた。黒人は平等の権利を与えられた——そう感じる日だった。

九月に入ってもその気持ちは変わらなかった。九月の第三日曜日までは。その日、森はまた冷たく真っ暗になった。バーミングハムの教会に爆弾が投げ込まれた。子供が四人死んだ。

Ⅵ

またしても葬儀。メドガー・エヴァースの時とは違って、招待された弔問者だけのお見送り。それでも人が集まった。貧しい人、ぼろをまとった人、無学丸出しのしゃべり方をする人。教会の外には老夫婦が立っていた。婦人は破れたテニスシューズを履いていて、夫の腕につかまっている。その夫のポケットにワインが一本。テレビのクルーは老夫婦にもカメラを向けていて、僕はそれが嬉しかった。あの子たちは僕ら黒人全てのために死んだ――葬儀に招かれた人たちのためだけにではなく。

バーミングハムの教会爆破。それは、公民権運動は自分には関係ないものと思っていた黒人の校長、教師、医師、牧師、弁護士たちにとって、最大の教訓となっただろう。あの教会で死んだのは彼らの子だった。デモに参加したかろうがしたくなかろうが、また、僕たちがあまりにも急進的と思うが思うまいが、肌の色が黒ければこうなるのだ……。

三人の子供が教会に横たわっている。僕は母親の一人と話した。娘二人が巻き込まれたと言う。一人は眼にガラスが刺さった。目が再び見えるようになるか、母親はそれが分かるまで病院の手術室で待つこと五時間。失明は免れたと知らされた直後に、もう一人の娘は死んだと聞かされた。

その後、リルと僕は爆破された教会に歩いて行った。異様にして惨憺たる光景。一つを残して、全ての窓が吹き飛んでいた。残ったのはキリストを描いたステンドグラスの窓。額から上と両眼だけがなくなっている。なにか意味があるのではないかと思ってゾッとした。

眼のないキリスト。盲人が盲目的な信者を導く？　脳なしのキリスト。

その場を後にして、僕はリルにすごい芸術作品を見たものだと言った。百年もの間に積み重なった憎悪と暴力、それがあのような肖像を創り得る芸術家を生み出したんだと。しかし、その日バーミングハムで見た恐怖の象徴はそれだけでなかった。

教会の反対側の道に警官がいた。機関銃を抱え、笑みを浮かべて郵便受けに寄りかかっている。郵便受けはペンキで塗られていた——国旗と同じ、赤、白、青に。

Ⅶ

臆病風を吹かす黒人も厄介だが、怒り狂った黒人は手に負えない。僕は南部へ行くたび怖かった。でも、僕が九月にアラバマのセルマ市へ行くと、白ん坊は怒り狂った黒人を背負う羽目に。

ＳＮＣＣの勇気ある、奇特な若者たちがセルマで、有権者登録の大運動を始めていて、僕に一役買って欲しいと言った。僕はその頃体調を崩していて、旅行できるような状態になかったけれど、彼らを失望させたくない。代わりにリルに行ってもらうことに。リルはまた妊娠していた。後で分かったことだが、お腹の中には双子がいた——女の子が二人。僕がセルマに行ける状態になる一週間前に、リルは投獄されてしまった。

金曜日の晩のこと。僕はリルと監獄の窓越しに話した。なんの心配もないから、とリルは言う。僕はある集会で話して欲しいと頼まれていて、その会場へ向かった。偏見剝き出しの白人の民警団が二百人ほど。僕はその間をぬって会場に入った。数週間前、催涙ガスが投げ込まれた教会だ。中は怯える黒人でいっぱい。僕は演壇に立った。彼らに勇気を持って欲しかった。教会を出て体制と闘う勇気。子供たちをデモに参加させる勇気。自分たちが街の一市民であると立ち上がって抗議する勇気。新聞記者に扮した警察官が最前列を占める教会がある街の住民として――。僕はその警察官らをやり玉に挙げた。僕は怒り心頭、聴衆に向かってこう言った。南部にアホ面を下げながらも字が書ける警官がいるとは驚きだね！
聴衆から緊張感が伝わってくる。彼らは白人の前でそのような話を聞くのは初めて。

不思議だねぇ。どうしてだ？　なぜ南部の白人は他人に成りすましてまでも、黒人の集会に潜り込むんだ？　黒人はクー・クラックス・クランの集会に忍び込もうなんて思わない。まさに今、この事態が明らかに物語っている。人は誰でも、正義と善と美徳に包まれていたい。その一方で、チリ芥、泥土にまみれて悦に入るヤツらがいるとはね。度し難い愚か者だ。

聴衆はお互い顔を見合わせて、ぎこちなく笑う。が、背筋が少し伸びた。

南部の白人男。こいつらがアイデンティティーを共有できるのは、白人専用の水飲み場、トイレ、そして私をニガーと呼ぶ権利、これだけだ。

聴衆から好ましい反応があった。何人かが手を叩き、誰かが叫んだ。「そうだ、兄弟！　言ってやれ！」

アメリカの白人はみんな、私たち黒人はアメリカ人だと知っている。私たちが黒人であるとも。私たちの名前を知っている白人もいる。その白人が、私たちをニガーと呼んだら、違った名前で呼んでいることになる——ヤツらの頭の中にしかない呼び方で。ヤツらの頭の中にだけ存在するニガー。じゃあいったい、誰がニガーなんだ？

　みんな笑った。拍手が湧いた。

　さぁ、一歩進めてみよう。ここに聖書《バイブル》がある。言うまでもなくこれは本。でも、私がこれを自転車《バイシクル》と言ったらどうだ。聖なるバイブルにまたがってサイクリング。みなさんは私に言うでしょう、それは聖書ですよ、って。いいえ、私の頭の中では自転車って呼んでるんです——ビョーキだよね。

　歓声が僕を励ました。みんなが叫び、笑う。前列を陣取っていた警官らは真っ青。聴衆はもう彼らを恐れていなかった。

　その金曜の夜、僕は一時間ほど話した。有権者登録がいかにみんなにとって大事か、月曜日のキャンペーンをみんなで支えて欲しいと訴えた。登録すれば投票ができる。投票すれば政治家に僕らの要求を伝えられる、と。

　土曜日。リルが監獄から出て来て、僕はその夜、また同じ教会へ。話を始める前に、「我が主をハリツケにした時、あなたはそこにいましたか?」の霊歌をみんなに、歌ってもらった。その夜の僕に、既に怒りはなく、冷静に話せた。

不思議ですよね、みなさんが毎週日曜日にこの教会へ集まり、キリストのハリツケを嘆いて涙を流すなんて。私たちの周りで起こっていること、私たち自身の今を嘆くことはないのに。キリストが今、ここにいて、この有様を見たら泣きますよ。進んでまたハリツケになりますよ。私たちのために。この問題をなんとかしようと。

キリストが生きた時代では宗教が問題でした。今は肌の色です。もし、ここに今夜、キリストが黒人としてこの街に現れて、月曜日に有権者登録をしたいと言ったらどうでしょう。あなたはそれを見とどけようと、その場に行きますか？　えっ？　行きます？　本当に？　じゃ、なぜ子供たちと一緒にデモに参加しないんですか？　キリストは言ったじゃないですか。なんであれ、最も歳少なきものに起こることは何人にも起こると……。

今の状況を考えてみましょう。

私たちは、「みんな街頭に出て市庁舎を占拠しよう」と言っているのではありません。

「屋上から白人めがけて、レンガを投げつけろ」と言っているのでもありません。

「肉切り包丁や銃などを手にして、白人に仕返しを！」と言っているのではありません。

私たちは、白人に語りかけて、こんなことを言っています。

「あなたたちが、アメリカ国民全てが有していて然るべきものと唱えながらも私たちには与えていないもの。私たちはそれを要求する権利がある。肌の色が黒いだけで、黒人の学校へ行かせて、アメリカの憲法についての試験を受けさせる。その憲法の恩恵を受けているのは、あなたたちだけ。私たちにはなんの役にも立たない憲法。その憲法の端から端までを覚えろ、と言っていますね。私は覚えましたよ」

「子供の頃の僕らに叩き込みましたよね。起立して歌えと。『アメリカに神のご加護がありますように』とか『美しきわが祖国』を。白人の子供が歌う全ての歌を。そして、『我、自由と正義の国、アメリカに忠誠を……』と手を胸に当てて誓いました。私たちが、今要求しているのは、『忠誠の誓い』がうたう言葉の実現。それだけです」と。

一九六三年に大事なことが起きました。私たちは一刻も早く、その事の重要さに目覚めなければなりません。それに気づけば、世の中はもっとよくなります。それは、なぜか神がみなさんに委ねられたことだからです――アメリカの救い、否、アメリカのみならず、全世界の救いを……。

アメリカの黒人は世界で最も高い生活水準を享受しています。教育も。医療も。それは、他の国のどの黒人、そして多くの白人が得られないほどのものです。それでも、アメリカほど恵まれていない国の人々は、アメリカの白人から尊敬されているんです――私たち黒人と違って。なぜだと思います？

それは、私たちがへらへら笑ったからです。白人に笑えと言われて。泣いたからです。泣けと言われて。お金を使ってきたからです。金を使えと言われて。そして辛抱したからです。辛抱しろと言われて――。

この国の白人が、世界の大半のミサイルを保有しています。その白人に、黒人は飛び出しナイフを持っていると言われて恥をかかされる。

その白人が全ての戦争を始めておいて言う、土曜の夜、黒人が人を刺したと。で、私たちは、恥をかかされる。

ここの黒人は自分たちがちっぽけな存在だと白人から思い込まされている。黒人は職場で辱められ、自分の名前以外のありとあらゆる蔑称で呼ばれる。で、腹を立てて家路につくわけだ。

それでですよ、白人は黒人の無教養さを口にする。でも、彼らの言う教育を受けて、教会に爆弾を投げ込むバカ野郎が育つのなら、そんな教育はご免こうむる。

今日お持ちすればよかった新聞があります。見るだけで恥ずかしくなる新聞です。一八四八年の新聞で、ニューオーリーンズのものです。

後ろのページには、逃げ出した奴隷を捕まえたら報奨金を出す、という広告がびっしり。信じられますか？　一八四八年に、黒人は逃げて反抗していた。逃げる当てもないのに！　一八四八年に、奴隷は逃げていたのです。

そんな黒人が凌いだ苦難はいかばかりだったか。想像できますか？　黒人女性が黒い肌の彼のところへ行って、子供ができたと告げるのを。二人はひざまずいて、その子が五体満足に生まれないように祈る。

不具に生まれれば奴隷にならずに済むかもしれないからです。その子が、少しでも多く、自由でいられることに賭けるのです。

想像してみて下さい。愛する彼女に子供ができたと告げられて、すぐに、二人して我が子が不具に生まれますようにと祈るってことを。

奴隷たちはそういう苦しみを味わったのです。それから百年。私たちは、彼らと似た苦しみを味わっているのです。

百年経った今、みなさんは、息子や娘が自由のためのデモに加わることで、一晩、監獄送りになることを心配しています。普段、自分の子供がどこにいるかも知らない親が、初めて、我が子が二十四時間どこにいるか知るのです。そこが監獄だと。そして、彼らは正しい目的のため、正当な理由があってそこにいると知ります。

息子にフットボールをやらせる母親のなんと多いことか。フットボールをやって得るものはなにか。チームの勝利。明日になれば忘れられてしまう勝利。ならば、自由のために闘ってもらってもいいのではないでしょうか？　世界中の誰もが、その恩恵に与れるように。それも永遠に。

私は時に思うんです。この体制がどれほどまでに私たちを堕落せしめたかと。そしてみんなが、いつになったら、「私には関係ないこと」という言葉を耳にしなくなる日がくるかと。

バーミングハムのあの教会で殺された四人の子供は、デモ行進していたわけではありません。この運動に参加しなくてもいいんです。黒でもいい、白でもいい――私たちの大義を支持してくれるのなら。爆弾が投げ込まれれば誰かが死にます。

それに知ってますか？　殺人の半数は、黒人のせいにされているということを？　そうなんです。白人が黒人にヒドイことをしたら、私たちは、その都度、白人の性根を叩き直すべきだったのですが、そうはせずに、むしろやりたい放題させてきたのです。

もういい加減にしましょう。どうしてなんだ、と頭を掻いてばかりいるのは。

かつては、アンクル・トムのように、白人にへつらって生きてきました。それはそれでいい。黒人はそうやってここまで辿りついたのです。私たちの前の世代の親たちが、子供を育てようと思えばそうするしかなかった。今で言うアンクル・トム主義は、当時の黒人が身につけた、洗練された処世術に他なりません。私たちの前の世代や、その前の世代の黒人が、白人のオメガネに叶いたければ、頭を掻いてニコニコするしかなかった。

で、いつそれをやめますか？

黒人は、外国へ行ってアメリカのために戦う方が、南部へ行って我らが大義のために闘うよりマシです。自分が得られない、異国の人の権利のために戦えば、アメリカ中が応援する。ここへ来たら、支持する人はわずかです。

要はこういうことです。コミットしなければならない。今、私たちはキリストがハリツケになった時、そこにいた人たちと同じ思いをしています。

ローマ兵は訊いた。「他にいるか、キリストとともにいる者は！」

みんな、そこに立ちすくみ、そして静かに祈りました。我が家に帰って言います。「私は祈った」と。いや、あなたは唇さえ動かしていなかった。

『我が主がハリツケになった時、あなたはそこにいましたか？』。歌うだけでも心が洗われるような霊歌です。でも、みなさんには今、その現場に立ち会うチャンスがあるのです。

これから二十年、三十年先に、今、ここで起きていることが、歌われるようになっていたら、あなたたちの孫かひ孫は、誇らしげに言うでしょう。「お爺ちゃんはあの時、そこにいたんだよね！」と。

その子たちが訊いてきたら、大きく頷いて答えられるんです。「そうよ。いたともさ」と。

これで帰りますが、その前に、一つ言わせて下さい。私は、あのバーミングハムの教会で死んだ子供のお父さんに会いました。彼はこんなことを言いました。「グレゴリーさん、娘はデモに参加したいって言ってましたけど、私はそれを許しませんでした。もっと大きくなってからにしようって。『じゃ、パパ行って』、娘はそう言ったんです」……。

あの父親は、その言葉の重みを一生背負うでしょう。でも、バーミングハムで、もっと多くの黒人が結束していたら、あの爆弾事件は起らなかったはずです……。

ここセルマの少年少女たちは、自分のためだけを思って運動に参加しているのではありません。自己中心的な考えで参加しているわけではありません。この街には自由が溢れるでしょう。でも、彼らにはあなたたちの支援が必要です。彼らの前に立ちはだかる白人が多すぎますから。

子供たちを応援して下さい。お願いします。

神のご加護がありますように。おやすみなさい。さようなら。

翌朝、僕はリルと家に帰った。南部の人たちに別れを告げるのは辛い。戦友を戦場に置いて行くのだから。彼らの目は、「ありがとう。本当にありがとう」と言っている。「行かないで」とも。セルマを車で抜ける時、みんなが歌っていたのは「We Shall Overcome《勝利を我らに》」。その歌声は、シカゴへ向かう飛行機の中でも耳に残っていた。

日曜日。僕とリルは、子供たちに映画を見せてあげようと、ドライブインへ。ミシェルとリンが、リルを挟んで車の後部座席に座った。途中、ミシェルが外を指さして訊く。

「ママ、あれなに？」

「ガソリンスタンドよ。ガソリン売ってるの。パパの車はガソリンで走るのよ。どんな車も。ミシェル、見て。あそこにもあるでしょ、道の向こうに。あれもガソリンスタンド。いろいろなガソリンがあるのよ。あれはシェル。あっちがスタンダード。ほら見て、あそこのは……」

運転する僕の目には涙が溜まっていた。リルは二日前まで、八日間監獄に入っていた。そして、今は後ろで丁寧に、優しく、ガソリンの話をしている。僕は彼女の性格を羨んだ。彼女の心のように、悪意も憎悪もない世の中を願った。

Ⅷ

仲間たちがドカドカと部屋に入って来る。何十人も。笑って、叫んで、歌って。まず目に飛び込んできたのは、いの一番に入って来たヤツの掌でちらつく炎。僕は飛び上がった。腹が立つくらいびっくりしたから。そして、泣けてきた。ちらついていたのは、ろうそくがいくつも立ったケーキ。僕の初めての誕生日パーティーだ。三十一歳にして。

ジム・サンダースは、ジャッキーという二度目のカミさんと二人連れ。それにマネージャー、エージェント、作家、ナイトクラブの芸人。みんな、飲んで語って和気あいあい。僕にとっては、お初の誕生日パーティー、と言ったら信じてもらえない。そこで、セントルイスに住む、リチャードという少年の話をした。僕の知っている少年。その子は、誕生日がくる度、トゥインキーのカップケーキを買って、自分を祝う。ピンクのろうそくを盗んでは、パーティーをしてるつもりになっている。

ねぇ、ママ。そのリチャードがどうなったか見て欲しい。ママ、その子は大丈夫。みんなが僕に誕生日プレゼントを買ってくれるって、ママにそう言ったのはウソじゃなかったんだよ。誰かさんの家に招待してもらったたって。本当になったんだから。それとね、ママ、僕のオデコに星が見えるって言ったあのお婆さん、間違ってなかったよね。みんな、僕がすごアスリートになるって思ってたけど、それは間違い。僕は自分が超一流のエンタテーナーになると思ったけど、それもハズレ。僕はアメリカ市民になるんだよ。一級市民に。

そうだ！　その調子だ！　僕たちはこの体制をぶっ壊すんだ！　僕はそれを肌で感じる。自由を渇望する群衆の前に立つ時に。僕たちの正当な権利を求めて行進する時に。僕の冷たい体に湧き上がってくる熱湯。あの口の中の乾いた味。あのモンスターだ。あいつは徒競走で勝つだけでは満足しない。人を笑わせて、聴衆のお気に入りになるだけではダメだ。モンスターは今、敬意と尊厳、そして、自由を求めている。自由のために死ぬなら本望だ。

その気持ちは日増しに強くなっている。それを知ったら、ママは怖がるかもね。でも僕のモンスターには真実と正義と、世界で一番偉大な国の憲法が味方している。

そのモンスターは黒人の中だけに宿っているわけじゃない。雪降るジョージア州で僕たちと一緒に自由のために行進した北部の白人青年の中にもモンスターはいた。靴の踵は取れてなくなり、足はアザだらけなのに、彼は愚痴一つこぼさなかった。僕は彼に、なぜ家に帰って、条件のよいエンジニアの仕事に就かないのか訊いた。アメリカの市民の誰もが、まず同じ権利を与えられない限り、この国にはなにも築き上げられない。彼はそう答えた。

ママ、僕はその青年に会ってから「そう急くな。応援する友を失うようなことはしない方がいい」と言う北部のリベラルの連中を笑うようになったんだよ。「おい、君たち。君たちはキリストがハリツケになった時、そこにいたのか？　それとも、そこで、ただ歌ってただけか？」

うん、ママ、あのモンスターがどんどん強くなっていくよ。ニューヨークで、北部流の人種分離教育に反対するデモ行進。そこでもモンスターを見た。そのデモは黒人の子供たちに、よりよい教育を求めるもの。大学へ行くチャンスを増やし、より多くの就業機会を求めるものだった。それは白人の若者たちに、僕たちと膝を突き合わせる機会を作るためでもあった。僕たちを同じ人間個人として愛し、憎むことを学んでもらうために——親たちのように、僕たちを肌の色だけで、恐れ、憎むのではなく。

スタンリー・ブランチと一緒に機会均等を求めて行進したペンシルバニア州のチェスター。僕はそこでもモンスターを見た。普通の人になりたければ、そうなれるように。偉大になれるのなら、そうなる機会が与えられるように。つまり、アメリカ人でいられるように。

レストランの人種隔離に反対するアトランタでの行進にもいた。そこで、初めての座り込み、そして初めての交渉体験をした。誠意ある人間が会議のテーブルを囲めば、黒人も白人も、お互いが抱える問題が理解できる。心を通わせ、お互いに助け合えると知った。

税金を納め、死ぬかもしれない戦場へ僕たちを送る政府を自分で選び、その統治の下に暮らす。ミシシッピでは、それを可能にするために、有権者登録を求めてデモ行進。そこにもいた。モンスターが。サンフランシスコでも。そこでは白人の医師や弁護士がともに行進し、ともに監獄に入った。彼らが世に示したのは、これは黒人が白人に挑んだ革命ではなく、正義が悪に挑んだ革命であること。正義が負けたことはない。

これは革命だ！　僕が加わるずっと前から始まっていた革命だ。僕はこの革命が成就する前に死ぬかもしれない。僕らはこの社会体制をぶち壊す。永くこの社会にはびこっていた癌を取り除く。アメリカは強く、美しくなる。あるべき姿になる――黒人のためにも、白人のためにも。そして、みんな、初めて自由になる。人間を人間以下の存在にしてきた社会体制からの開放だ。憎しみと恐怖と無知を叩き込んできた体制からの脱却だ。

ママは奴隷のように働いて死んだけど、決して無駄に死んだわけじゃないからね。ママは僕らを立派に育て上げた。ママや他の黒人のお母さんたちは、僕らに生きる力を与えてくれた。白人がバケツを使っていたら、指ぬきででも水を汲んで来なさいと、僕らに井戸へ行くよう諭した。抑圧の死を免れた僕らはより強くなった。魂にタコができた。そして今や、僕らを虐げてきた体制を変えようとしている――白人がたった一言で黒人を圧殺してきたこの体制を。その言葉は、ニガー。

ママ、僕らがこの革命を遂げたら、もうこの世界にニガーはいない。

訳者あとがき

「nigger」（ニガー）または「nigga」（ニガ）。それは、黒人以外の者が黒人をさして使用すれば、最たる侮蔑の言葉。著名人がそれを使えば、メディアに「誰それはN-wordを吐いた」、と頭文字のNを用いて叩かれます。映画や舞台などでは頻繁に使われていて、ラップミュージシャンも盛んに使います。禁句であるがゆえに使われ、最近では、白人・黒人を問わず、若者の間では親しみを表す言葉として使う人もいます。しかし、「ニガー」は二十世紀の中頃からタブーとなった差別用語です。それが本書のタイトルです。しかも、表題としては異例の小文字表記で……。

ママへ
ママがどこにいようと、
また「ニガー」を耳にしたら、
僕の本の宣伝だと思って下さい。

禁句を逆手に取ったリチャード（通称ディック）・クラクストン・グレゴリー（Richard Claxton Gregory）の亡き母への愛情のこもった、機知に富む献辞が読者を惹きつけます。

身構えて読む多くの黒人の自叙伝や小説と違い、悲惨な状況が語られていても、彼のトップ・コメディアンならではの語り口に救われます。

グレゴリーの時代の黒人はアスリートになるか、芸能人になるか、世に出る道はこの二つしかないと言われていました。グレゴリーは、最初はアスリート、次にコメディアンの道を選びました。アスリートとしてはそこそこの成績を残し、コメディアンとしては大ブレークしました。しかし、出世話を語るだけでは、たとえ公民権運動のリーダー的な存在になっても、そしてそれがいくら面白可笑しく語られても、よくある伝記ものにしかなりません。「ニガー」には読者の心を捉えて離さない何かがあります。

黒人エンターテーナーのグレゴリーは、敵愾心剝き出しの白人が占める聴衆の心をも摑みました。トップ・コメディアンへの階段を登り始めるきっかけとなったショーの前に、彼は自分に言い聞かせます。

「僕はまず、一人の人間としてステージに立たねばならない。黒人であることは二の次だ。僕は肌の色が黒い面白い人間。面白い黒人であってはならない。自分を憐れむスターであってはならない。憐れみを売らなければ、それを買う人もいない。白人らと彼らの社会を笑う前に、自分を笑い種にしよう。そうすれば嫌われないで済む。コメディーとは和気あいあい、ともに楽しむもの。友愛だ」

悟りにも似た「コメディアングレゴリー」、「人間グレゴリー」の心得です。信念です。その信念が彼をトップ・コメディアンにのし上げます。そして、彼はコメディアンとしてだけではなく、その「広い心」をもって、公民権運動に身を投じます。

グレゴリーは人間愛にあふれる男。彼は母を愛し、妻を愛し、子供を愛し、同胞を愛し、人間を愛し、正義を愛し、家庭を顧みなかった父親をも愛しました。同胞と正義と、黒人の子供たちの未来のために命がけで闘いました。

その闘いの際、グレゴリーが「白人」の警察官に向かって吐いた一言に驚かれた読者が少なからずいるでしょう。彼は言いました。

「キサマのお袋こそニガーだ！　俺の中にもっと流れてていいはずの黒人の血が、キサマのお袋の中に流れてるに違いねぇ！」

警官の母親を引き合いに出して、「白人」の警官へ、そのねじれ腐った性根に突き刺さる反撃を加えました。しかし、なぜ、母親をニガー呼ばわりに？　白人でありながらも底辺に暮らす人を「white nigger」と白人自身が蔑む場合もありますが、ここでは、白人に見えても、「黒人」をさしての言葉です。かつての南部には one-drop rule（一滴ルール）、即ち、先祖に一人でも黒人がいれば子孫はみな黒人という、白人優越主義の差別剝き出しの法律までありました。そこでグレゴリーは、「お前の先祖には、黒人がいたはずだ」という意味を込めて、警官を自分と変わらない黒人と決めつけ、彼の母親をニガー呼ばわりしたのです。


『nigger』が再版を重ね読み続けられるのは、グレゴリーのトップ・コメディアンならではの語り口で、彼の勇気と愛が伝わってくるからでしょう。演説は凶弾に倒れたマーティン・ルーサー・キング牧師やマルコムX氏をも彷彿とさせ、読む人の胸を強く打ちます。

一九六四年の公民権法成立後、アメリカの南部でも、人種隔離政策は廃止されました。しかし現実は平等とは程遠く、警察の黒人に対する暴力に象徴されるように、人種差別は続いています。奴隷解放宣言

（一八六三年）の二年後に組織された黒人弾圧の秘密結社ＫＫＫ（クー・クラックス・クラン）は、その規模こそ減少傾向にあるものの、未だに活動を続けていることをご存じの方も多いことでしょう。黒人の大統領が出現したことを嫌って、立候補する前からオバマはアメリカで生まれたのではないから正当のアメリカ大統領ではないと主張し、オバマが出生証明書を出したあとでも、ケニヤ生まれと譲らなかったトランプが政権をとるや、白人優越主義を公然と唱えるプラウド・ボーイズなる集団も台頭しました。グレゴリーの言う、「壊されなければならない扉」がいくつも連なっています。グレゴリーが故人となって三年になりますが、氏が残した本書は、差別をする白人だけでなく、人の心に潜むさもしい「差別精神」を白日の下にさらし、それにいかに向き合っていたかを訴え続けます。

グレゴリーは、何度も危険な目に遭い、監獄でも酷い扱いを受けましたが、幸い、暗殺されることなく、八十四年の生涯を全うしました。彼は公民権運動だけでなく、反戦運動にも力を注ぎました。「謳う」だけでなく行動しました。ハンガーストライキまでして、何度も逮捕されました。女性の平等権を求めて大規模なデモの先頭に立つなど、フェミニストとしても有名です。そこで特筆すべきことは、彼はどの運動においても、キング牧師同様、常にマハトマ・ガンディーの無抵抗主義を貫いたことです。ガンディーの哲学の影響でしょうか、彼は肉食をやめ、徹底した菜食主義を実行しました。ファストフード依存のアメリカの黒人の食生活を改善しようと、また、飢えに苦しむ人々を救おうと、安価で栄養に富む自然食品のフォーミュラを開発しました。飢餓がエチオピア全土を襲った時、彼はエチオピア政府に、その食品を大量に提供しました。理想を追い求め過ぎる性質からか、極端な説を唱えることもありましたが、健康で十一人の子供（一人死去）をもうけた彼は、亡くなる直前までユーモアたっぷりに講演やインタビューを続けました。

グレゴリーが逝ったのが二〇一七年。その数年前に始まった「新たな公民権運動」ともいうべきBlack Lives Matterの運動が、二〇二〇年五月に起こったジョージ・フロイド氏の悲惨な死を機に急速に高まり、都市によっては抗議が過激化しています。もしも、グレゴリーが存命だったら、彼の中の「モンスター」が騒いで、「BLMは友愛だ」と、ユーモアを交えた闘いを訴えていたことでしょう。その様子が眼に浮かぶようです。

グレゴリーが三十歳の頃から関わった公民権運動は、反戦運動と相まって世界にその影響を及ぼしました。日本でも学生運動がその激しさを増しました。当時、私はまだ十代。アメリカではプロテストソングが政治運動を盛り上げていて、遠い日本にいた私も集会で『We Shall Overcome』を歌っていました。「おい、君たちはキリストがハリツケになった時、そこにいたか？　それとも、そこで、ただ歌ってただけか？」。グレゴリーのこの一言は、グサリ、私の胸に突き刺さります。

私は数えるほどしかアメリカの黒人を知りません。黒人問題に関しては映画、自叙伝、小説が情報源で、その問題を「肌で感じた」ことはありません。一度だけ、旅行中にアトランタのカフェテリアで、夫を太平洋戦争で亡くしたと言う白人女性に、「ジャップ」と呼ばれたことがあります。気分の良いものではありませんが、それをグレゴリーに訴えようものなら、彼は、ジョークのネタのカケラにもならない、と一笑に付すでしょう。

『nigger』は一九三〇年代の後半から一九六四年頃までのことを述懐する自叙伝。色々な場面で時代を感じます。本書では当時の日本の言葉遣いを用いました。Nurse は「看護婦」または「看護婦さん」。女性言葉の「だわ」も使いました。今では「性差別」とみなされる言葉の使用もあって、ご批判もあると存じますが、少しでも当時の雰囲気を保つための邦訳とご理解いただければ幸いです。

尚、始めにも触れましたが、本書のタイトルは小文字で『nigger』。しかも筆記体で。ウィキペディア（英語版、二〇二〇年十一月現在）では記事のタイトルにこそ通常表記の大文字を用いていますが、冒頭の文章ではイタリック体の小文字を使用。「Cover Title」の項では、本書の表題は異例の小文字との記載があります。教授が黒板に書いた negro の頭文字が小文字だったことに憤慨したグレゴリーがあえて『nigger』にしたのは、アメリカの黒人が二五〇年の長きに亘って「奴隷」、即ち普通名詞に用いる「もの」扱いにされ、また、現在でも「nigger」なる差別用語は、他の侮蔑の言葉と同じように小文字で表記されるからにほかなりません。

翻訳を終え、改めて凄い人物の凄い本の翻訳を依頼されたと感じ入っています。初版が一九六四年、それが今もなお人々の心を揺さぶり、感動を与え続けます。この場を借りて邦訳をご依頼くださり、また細かいご指導を賜りました現代書館の山田亜紀子氏に心から感謝申し上げます。

二〇二〇年十一月七日　ジョー・バイデン勝利宣言の日に

柳下國興

【著者プロフィール】

Dick Gregory（ディック・グレゴリー）

1932年生まれ。歯に衣着せぬ切り口で人種問題を前面に打ち出すコメディアンとして名を馳せる。公民権運動を率いたマーチン・ルーサー・キング牧師やメドガー・エヴァースと深く親交し、行動をともにする。公民権運動のうねりを加速化させたアラバマ州セルマ市でのデモ行進では、先頭を歩く活動家の一人だった。以後、半世紀以上にわたり各種の民衆運動に身を投じ、米国のベトナム戦争介入に抗議する、多くの学生集会を開催して反対運動を展開。また、ネイティブ・アメリカンやフェミニストの人権のための座り込みを続け、南アフリカのアパルトヘイトにも反対した。ブラック・ライブズ・マター（BLM）運動では、ハンガーストライキで支援。トレバー・ノアなど、多くの黒人コメディアンが活躍するに至るまでの先駆的な役割を果たした。2017年死去。

Robert Lipsyte（ロバート・リプサイト）

1938年生まれ。ニューヨーク・タイムズ紙のスポーツライターとして優秀賞を受賞。TV時事評論番組「ザ・イレブンス・アワー」のホストを務め、エミー賞受賞。若い読者に訴える小説の数々を著し、2001年にマーガレット・E・エドワーズ文学賞受賞。

【訳者プロフィール】

柳下國興（やなぎした　くにおき）

1944年、横浜生まれ。国際基督教大学卒業。翻訳者、文楽・歌舞伎台本の翻訳及び英語解説者。大江健三郎著『*A Quiet Life*』（Grove Press、邦題『静かな生活』）、同氏海外講演『*Who's Afraid of the Tasmanian Wolf?*』（Rainmaker、邦題「タスマニア・ウルフは恐くない？」）を含む英訳を多数手がける。2020年12月、小説『キャッチ51 ――ある半ジャパの旅』（『*Catch 51 : A Han-Japa Odyssey*』、Soseki Books）を日本語版と英語版で同時発表。

原書は1964年に刊行されたため、現代の観点では差別的とされる表現が散見します。しかしながら、時代背景、文学性、著者のコメディアンとしての表現を考慮し、著者の意図に沿った翻訳としたことをお断りします。

nigger
an autobiography
by DICK GREGORY
with ROBERT LIPSYTE

This edition published by arrangement with Plume,
an imprint of Penguin Publishing Group,
a division of Penguin Random House LLC,
through Tuttle-Mori Agency, Inc., Tokyo

nigger《ニガー》
ディック・グレゴリー自伝《じでん》
2021年1月25日　第1版第1刷発行

著者　ディック・グレゴリー、ロバート・リプサイト
訳者　柳下國興
発行者　菊地泰博
発行所　株式会社現代書館
〒102-0072 東京都千代田区飯田橋3-2-5
電話 03-3221-1321　FAX 03-3262-5906
振替 00120-3-83725
http://www.gendaishokan.co.jp/
印刷所　平河工業社（本文）
東光印刷所（カバー・表紙・帯・別丁扉）
製本所　積信堂
装幀　アルビレオ

校正協力：高梨恵一

ISBN978-4-7684-5893-8
定価はカバーに表示してあります。
乱丁・落丁本はお取り替えいたします。

活字で利用できない方のための
テキストデータ請求券
『nigger』

青空

真島昌利 文／ Botchy-Botchy 絵
定価 1300 円＋税
ISBN978-4-7684-5874-7

「生まれた所や皮膚や目の色で いったいこの僕の 何がわかるというのだろう」。ザ・ブルーハーツの大名曲「青空」が、大人向けの絵本になりました。巻末に吉本ばななさんによるメッセージを収録！　「『青空』はいつの時代に口ずさんでも同じ強い力を持っているのだろう。この曲は、『それでよかったんだ』と言ってくれる」（本書メッセージより）

「偉大なる後進国」アメリカ

菅谷洋司 著
定価 1500 円＋税
ISBN 978-4-7684-5879-2

合衆国は民主主義が貫徹する一つの国家なのか？　各州によりあまりにも違う法制や生活。混迷深まるアメリカで、何がおきているのか。アメリカ社会を切り取ったトピックが、その実情を炙り出す。見えてくるのは閉鎖的島国としての姿だ。

「アウトロー超大国」アメリカの迷走

菅谷洋司 著
定価 1500 円＋税
ISBN 978-4-7684-5892-1

マスクの着用拒否、大統領選の混乱、黒人差別と抗議のデモ、ひそかに広がる陰謀論、増え続ける新型コロナウイルスの感染者・死亡者……。現地のニュースやインターネット上の動画からアメリカの現状を解説し、その未来を予見する。

定価は 2021 年 1 月現在のものです。